PLATO

柏拉图传

晓柏◎著

中国华侨出版社
·北京·

图书在版编目（CIP）数据

柏拉图传 / 晓柏著 .—北京：中国华侨出版社，2018.7
 ISBN 978-7-5113-7739-5

Ⅰ.①柏… Ⅱ.①晓… Ⅲ.①柏拉图（Platon 前 427- 前 347）—传记
Ⅳ.① B502.232

中国版本图书馆 CIP 数据核字（2018）第 157045 号

柏拉图传

著　　者：	晓　柏
责任编辑：	刘晓燕
责任校对：	高晓华
经　　销：	新华书店
开　　本：	670 毫米 ×960 毫米　1/16 开　印张：15　字数：200 千字
印　　刷：	河北省三河市天润建兴印务有限公司
版　　次：	2019 年 1 月第 1 版
印　　次：	2024 年 2 月第 3 次印刷
书　　号：	ISBN 978-7-5113-7739-5
定　　价：	39.00 元

中国华侨出版社　北京市朝阳区西坝河东里 77 号楼底商 5 号　邮编：100028
发 行 部：（010）64443051　　　　传　　真：（010）64439708
网　　址：http://www.oveaschin.com　　E-m a i l：oveaschin@sina.com

如果发现印装质量问题影响阅读，请与印刷厂联系调换。

序言

千年道不尽柏拉图

在我们的生活当中,时常有人提起柏拉图式的爱情,用以形容或传颂那些注重精神恋爱的纯洁感情。事实上,柏拉图所铸就的精神和智慧宝库,又何止爱情方面?这位奠定了欧洲哲学之基的历史巨人,以他独特的智慧和丰硕的著作,为整个人类打造了一把扭开未知世界大门的万能钥匙,时至今日仍然是我们探寻未知世界和走向智慧的宝贵财富。

柏拉图和我国古代大多数心系天下的伟人不同,他具有显赫的身世,完全有条件变成一个纨绔子弟虚度人生。但是,柏拉图却毅然担负起改变人类命运的历史使命,并且在诸多挫折和磨难下,变得越来越有勇气和智慧。于是,当来自东方的文人还在慨叹自己手无缚鸡之力时,柏拉图已经跨上战马,挥舞战刀和敌人拼命厮杀了。

西方文人自古便有上战场的传统,柏拉图也不例外。当然,战场带给柏拉图的主要成就并不是勋章,而是帮助其完善理论知识的实践经验。当柏拉图看到战友们的血肉在自己面前横飞,当他看到人们的财富被战火无情吞噬,尤其是当他看到人类的欲望被战争激起、膨胀,他不仅意识到了哲学的重要性,而且也意识到了推行哲学的迫切性。

关于理想,柏拉图想让自己成为一位哲学王,即将哲学和政治结合在一起,打造一个拥有完美制度和文化的国度。因此,柏拉图早年积极参与政治活动,并且利用自己身为贵族的有利条件,接触到了雅典当局的核心权力者。但是他很快就意识到，统治者只是想让哲学成为自己的利益工具，并不是为了谋求全人类的福祉而臣服于哲学。

为了探寻世间真理，柏拉图选择远走异乡，在增广见闻的同时，也结识了众多哲学界的大家、名家。与此同时，柏拉图的游历也为各国学术界注入新鲜血液，自此哲学家们打破国际界限，开始了真正的融会贯通。当柏拉图带着哲学大师的光环出现在西西里时，一些虚假幻象让他误认为理想国度就在眼前，以至于酿成了一生中最深重的灾难。

漫长的游学生涯，让柏拉图的见识得到极大拓展，这让他最终找到了人生的方向——创立柏拉图学园，而这也成了他的人生转折点。在此之后，柏拉图潜心研习哲学，并且创作了大量哲学著作，为我们留下了宝贵的精神财富。同时他所培养的学生，也开始逐渐进入各国权力机构，这让柏拉图的影响力越来越大，甚至让他最终重返政治活动，从而拉开了又一场未知旅程的序幕。

不得不说，柏拉图之所以能够成为西方乃至全世界最伟大的哲学家，与其所处时代的大师云集有很重要的关系。除了柏拉图的老师苏格拉底，以及他的学生亚里士多德，还有荷马、毕达哥拉斯、阿里斯托芬、阿那克萨戈拉和阿启泰等人，这些人当中任何一位都能独立撑起哲学领域的一片天。而柏拉图正是通过研究他们的学术成果，同时加入自己的深刻思考和融会贯通，才形成了为世人所传扬的柏拉图思想。

目录

Part 1
历史的不灭肉身——柏拉图生平纪事

第一章 先贤诞生：出生在后民主时代的希腊圣人

- 003 … 伊齐那岛出生的梭伦后裔
- 007 … 在继父的庇护下茁壮成长
- 011 … 百里挑一的希腊猛士
- 015 … 善于思考的士兵
- 019 … 风云诡谲的社会环境

第二章 邂逅恩师：成为苏格拉底最得意的门徒

- 028 … 20岁少年与60岁先贤携手
- 034 … 破碎在"三十僭主"之下的政治理想
- 040 … 圣贤之间的精彩故事
- 045 … 匪夷所思的巨人之死
- 050 … 理想远在故乡之外

第三章 游历四方：十二年游学的风风雨雨

055 … 前往麦加拉，结识欧几里德

061 … 游学居勒尼，提升天文和数学

065 … 大开眼界的埃及之行

069 … 求学南意大利，结交阿启泰

073 … 被贩卖为奴的西西里之行

第四章 创立学园：用讲学的道路实现人生理想

077 … 以英雄之名命名的学校

081 … 培养政治人才的科技能力

085 … 一代大师的神秘咨询服务

089 … 正义是哲学家坚守的底线

093 … 不懂几何者禁止入内

第五章 训诫才俊：以毕生精力教化亚里士多德

097 … 闯荡雅典的20岁贵族少年

101 … 马驹需要缰绳，更需要草原

105 … 吾爱吾师，吾更爱真理

109 … 一代大师，千秋名徒

第六章 晚年生活：著述游历下的思想王国

113 ··· 令人振奋的第二次西西里之行

117 ··· 风雨飘摇路，一代大贤最后的辉煌

121 ··· 峰回路转，转瞬即逝的辉煌

125 ··· 开怀饮宴后的无疾而终

Part 2
永不磨灭的著述——柏拉图思想精述

第七章 《美诺》：关于美德的传播和理性哲思

131 ··· 什么才是真正的美德

135 ··· "相"的观念诞生

139 ··· 学习和回忆的关系

144 ··· 坚定的反对者

第八章 《斐多》：对有限和无限的智者分析

148 ··· 哲学家就要实践死亡

153 ··· 肉与灵的分离

157 … 进一步认识"相"

161 … "相"的终极目的

第九章　中晚期思想：柏拉图的自我升华与蜕变

165 … 《巴门尼德篇》

168 … 《泰阿泰德篇》

172 … 《智者篇》

175 … 《蒂迈欧篇》

第十章　大"理想国"：上古大贤假想中的乐园范式

178 … 国家从何处走来

182 … 四大政体

187 … 社会、国家与个人

191 … 灵魂的升华

195 … 万物始于模仿

第十一章　法律思想：如何用暴力机构维护和平正义

199 … 道德是立法的基础

203 … 法制创造完善国家

207 ⋯ 完美的半神国度

211 ⋯ 法治下的标准化国家

第十二章　柏氏爱情：注重精神交流的全新理念

215 ⋯ 肉体的结合是否纯洁

219 ⋯ 爱情让人升华

223 ⋯ 柏拉图眼中的男女平等

后记 ⋯ 227

Part 1

「 **历史的不灭肉身**

柏拉图生平纪事 　」

Part 1

第一章
先贤诞生：出生在后民主时代的希腊圣人

柏拉图的出生并没有引起太多关注，但是其所处的时代和社会环境，却注定会成就一位千古奇才，尽管连柏拉图自己也没有想过，自己就是这个千古奇才。家庭环境的优裕让柏拉图少了少年老成的经历，却也为他赢得了大量学习时间和社会资源，以至于他能够在理想和现实间自由穿梭，并由此开始自己的传奇人生。

—— 伊齐那岛出生的梭伦后裔 ——

周考王十四年（公元前 427 年），中国正值春秋战国时期。虽然知识分子迎来了第一个黄金时代，但各国君主忙着争权夺利，百姓更是疲于奔命，谁也不会注意到居于地球另一端的古希腊，爆发了一场规模宏大的历史战争，这就是第二次伯罗奔尼撒战争。

整个伯罗奔尼撒战争前后持续了 27 年之久（包括第一次伯罗奔尼撒战争），在欧洲古代史上占有重要地位，它是雅典人和斯巴达人之间爆发的一场决定彼此命运的大战。如果雅典人取得胜利，他们将继续占据古希腊霸主的地位，如果斯巴达人取得胜利，他们将取代雅典人成为古希腊的新霸主。

由于当时的雅典拥有强大海军力量，因而他们在战争中一直掌控着主动权。然而，随着雅典伟大的政治家伯里克利的病逝，战争的重心逐渐从海上转移到陆上，由于雅典人的陆战能力相对较弱，双方的战争局面由此逐渐扭转，并最终以斯巴达人的胜利告终。而这标志着古希腊民主时代的终结，同时也标志着雅典人创造的空前经济繁荣走向覆灭。

时至今日，这场被人们称为"古代世界大战"的战争，早已在岁月穿梭中被绝大多数人遗忘在历史角落。偶尔被人们提起，往往是由于在第二次伯罗奔尼撒战争时期，雅典诞生了一位举世闻名的圣人，他就是本书的主人公——柏拉图（Plato）。柏拉图出生的具体地点位于雅典附近的伊齐那岛，这里不仅远离战争的硝烟，而且风景如画，四季如春，柏拉图的家族在当地更是富甲一方，而且其父系一族是雅典的皇室成员。

可以说，柏拉图是含着金钥匙出生，即便整个城邦和民族遭遇战争磨难，他的家族也能够让他安然无忧地成长。不过，任何一场重大的社会转型，都必然会引发沉痛的思考，而沉痛的思考又往往能够孕育伟大的思想家。柏拉图的童年时光，尽管感受到了伯罗奔尼撒战争带来的阴影，但雅典时代的辉煌仍然留有诸多遗迹，如此在两相对比之下，才碰撞出了令人惊叹的火光。

需要指出的是，柏拉图的原名叫阿里斯托勒斯（Aristocles），柏拉图只不过是他的一个别名，甚至可以认为是一个绰号。当时，雅典作为古希腊的文明古国，也继承了欧洲人的尚武传统，公民不仅注重个人的精神修养，而且为了增强整个民族的强健体魄，几乎所有男子全都自幼习武。柏拉图从小立志恢复"理想国度"，尤其注重身体锻炼，再加上他的身材天生比较高大，刚强的面庞和健硕的臂膀在一众同学中尤其突出。

相传，柏拉图的原名念起来非常拗口，因而他的老师直接以其体貌特征称呼，也就是"柏拉图"。这个词在古希腊语中就是身体健硕高大的意思，通俗来讲可以认为是汉语中的"大个子"或者"大块头"。由于这个名字比他的原名简洁很多，柏拉图的名字也就在老师和同学之间传开了。后来，柏拉图干脆以此为自己的名字，千百年后人们也就只知道柏拉图，而不知道阿里斯托勒斯了。

由于出身贵族世家，柏拉图从小受到良好教育。所谓父母是孩子的第一任老师，柏拉图的父亲不仅具有良好的个人修养，而且非常注重子女的教育。再加上柏拉图天资聪慧，很早就表现出非凡的才华，以至声名逐渐远播，得到大家的交口称赞。

事实上，柏拉图的家世可以追溯到雅典最后一位君主——科德鲁斯（Codrus）。这虽然是一位维护君主专制的皇帝，但是在最后一战中，科德鲁斯用自己的生命捍卫了属于自己的荣誉，虽然最终以战败收场，但还是受到了战胜者的尊重。后来，柏拉图的家族虽然一度退出统治阶层，但仍然世代都是雅典的贵族，并且从来没有远离政治领域。

在科德鲁斯之后，雅典开始推行民主政治，尽管君主的头衔被留存下来，但其实际的权力却逐步缩小至执行官范畴，可以说是真正的人民公仆。正因为如此，雅典人才创造了辉煌无比的古希腊文明，这也为西方的民主制度打下了坚实的基础。

一方面是家族的荣誉，一方面是民族的光辉，柏拉图在这样的家庭和社会环境中耳濡目染，自然而然地成了一名有理想、有信仰的"战士"。值得一提的是，在柏拉图的早年成长经历中，他的两个舅舅克里蒂亚斯

（Critias）和查米德斯（Charmides）仍然是朝廷中举足轻重的大臣。这让柏拉图在成长过程中有机会接触到现实的政治，并且不同程度地参与其中，而不是单纯地停留在理论层面，这对柏拉图的影响自然不能忽视。

似乎是为了表达对天才的崇敬之情，人们不仅将柏拉图称为"阿波罗之子"，而且还为他编造了一个传奇经历。据说，在柏拉图的各项才能当中，口才是最受人关注的，但是最初他的口才并不好，甚至有些口吃。一次，柏拉图在玩耍的过程中不慎碰到了一个蜂巢，不幸被蜜蜂蜇伤了口舌，从此之后他的口才越来越好，直到成为远近闻名的辩论家。

当然，这些只是柏拉图成长过程中所受到的积极影响，另一方面对他的消极影响显然更加深刻和痛苦。由于伯罗奔尼撒战争最终以斯巴达人的胜利告终，古希腊被终止民主政治的同时，繁荣的社会经济也戛然而止。柏拉图在这样的社会环境中成长，一方面是对于故去的家族荣誉和民族光辉的留恋，另一方面是对现实社会的不满和排斥，以至于他追求理想社会的欲求如此强烈，而这无疑也注定了他的人生将充满坎坷和磨难。

尽管如此，如果从历史唯物主义角度来看，柏拉图所遭遇的精神磨难并非全是负面。毕竟，一帆风顺的境遇不可能造就整个人类为之肃然起敬的大师级人物，而如果没有大师级的人物作为指路明灯，人类无疑将在黑暗和迷茫中探索和摸索更久。因此，曾经有后世学者说过，真正的哲学家就是替整个人类受苦的行者，他们越是领悟出深刻的道理，为人类解决越大的问题，就越是要承受巨大的痛苦。

只是对于柏拉图来说，他的信仰是坚定的，他的思想是纯粹的，他的伟大人生才刚刚拉开帷幕。

—— 在继父的庇护下茁壮成长 ——

有父母陪伴的柏拉图是幸福的,如果按照当时的情况发展,柏拉图家族将成为新的贵族家庭,柏拉图也将成为新贵族中的翘楚。可惜天有不测风云,一次突如其来的意外,夺去了柏拉图父亲的生命。尽管当时的柏拉图还不知道天人永隔意味着什么,但母亲的伤痛欲绝却给他留下了深刻的印象。常言道:穷人家的孩子早当家,忽然面临单亲家庭的柏拉图,也早早褪去了孩童的稚嫩。

然而,对于柏拉图的母亲佩里克蒂娥妮(Perictione)而言,伤痛解决不了任何实际问题,在妻以夫贵的当时社会,失去丈夫往往意味着失去一切。为了给柏拉图创造一个良好的成长环境,佩里克蒂娥妮和当时大多数失去丈夫的女人一样,选择了另嫁他人。而对于柏拉图来说,也许是少不更事,也许是丧父之事太过心痛,他一生当中不仅从未和身边人提起过自己的亲生父亲,而且在他的所有著作中也极少提起。

从目前已知的资料来看,柏拉图在《国家篇》和《苏格拉底的申辩》两部著作中,曾经提到自己的兄长,并且借兄长之口提到了自己的父亲。由此可见,柏拉图幼年丧父,母亲带着他改嫁的事情当属无疑。

佩里克蒂娥妮出身梭伦家族,是梭伦的第六代后裔,再往上甚至可以追溯到科德罗斯(Codrus),他们都是欧洲历史上赫赫有名的人物。梭伦所处的时代为奴隶社会，在工商业大发展的洪流下，梭伦成功跻身商业奴隶主阶层，与传统的奴隶主站到了对立面。与大多数社会变革不同，梭伦在逐渐成长为本阶层的代理人后，并没有发起激烈的革命，而是积极引导疏通，通过一系列较为温和的制度协商，把雅典人民带上了民主政治的道路。

梭伦对雅典人民的伟大贡献，奠定了其整个家族在雅典的政治地位，以至于到了柏拉图的母亲佩里克蒂娥妮一代，梭伦家族仍然活跃在政治舞台上。而佩里克蒂娥妮能够嫁给柏拉图的父亲，也从侧面证明了柏拉图的父系一脉同样具有较高的社会地位。至于佩里克蒂娥妮的名贵身份，在柏拉图的父亲死后仍然发挥着积极作用，那就是柏拉图的继父皮利兰柏（Pyrilampes）仍然地位不低，而且具有良好的个人修养。

事实上，皮利兰柏对于柏拉图来说还有另外一个身份，只是大多数著作不愿提及，那就是柏拉图的堂叔。换句话说，皮利兰柏是柏拉图父亲的堂弟，柏拉图虽然随母亲改嫁了，但是并没有改嫁到太远的地方去。之所以提到这一点，是要说明柏拉图的思想形成，其实主要还是受到父系家族的影响，这一点和大多数著作中的观点又有所不同。

皮利兰柏是民主政治的坚定信仰者，而且他不仅推崇当时著名政治家伯里克利的政治主张，还和他是很好的朋友，其政治地位可见一斑。史料记载，皮利兰柏还曾经代表伯里克利出使波斯和一些亚洲国家，这件事一方面表明了皮利兰柏的才干不俗，另一方面也透露了皮利兰柏拥有过人的见识。柏拉图有这样一位继父作为引路人，在满足了物质需求的同时，也必然得到了莫大的精神财富。

除此之外，皮利兰柏对于柏拉图的庇护，还表现在不易被人察觉的一面。前面已经提到过，柏拉图的两个舅舅是"三十僭主"的代表人物，而稍懂欧洲历史的人都知道，所谓"三十僭主"早就成了暴政的代名词。从后来柏拉图的思想主张来看，柏拉图虽然对民主政治兴趣了然，但显然也没有受到母亲家族的暴政思想影响，这一点也奠定了柏拉图最终思想的别具一格。

对于柏拉图的思想影响，尽管母系一脉和父系一脉的影响都很有限，但父系一脉还是占了上风，至少柏拉图的贵族性格来自自己的继父。有资料记载，柏拉图对自己的要求非常严格，除了刻苦努力地学习之外，每天早上还坚持锻炼身体。与之相比，柏拉图更注重锻造自己的精神世界，那些先贤圣人所著的书籍，他几乎都能如同与挚友交谈般阅览。这让柏拉图的精神世界无比富足，也让他的个人气质无比高贵，更让他的个人信仰无比坚定。

不过很可惜，关于柏拉图的童年经历，到目前为止并没有具体的记载。但是从目前已知的资料中，我们可以得知柏拉图有两个哥哥，他们分别是阿得曼图（Adeimantus）和格劳孔（Glaucon），以及一个姐姐波托妮（Potone）。母亲改嫁之后，柏拉图又有了一个同母异父的弟弟安提丰（Antiphon）。从柏拉图后来和他们的关系看，这一家兄弟姐妹相处得可谓非常融洽，这就从很大程度上表明了柏拉图拥有一个幸福的童年经历。

当然，尽管柏拉图拥有一个幸福融洽的家庭环境，但这并不意味着他活在天堂之中。在大的战争环境中，柏拉图的家族也时刻受到威胁，尤其是在伯里克利离世之后，雅典的民主政治受到极大冲击，继父皮利兰柏的社会地位更是江河日下，在政敌的威胁中如惊弓之鸟般惶恐度日，这些给柏拉图带来的负面影响可想而知。

让皮利兰柏感到意外的是，柏拉图并没有像他的其余子女那样，面临社会的动荡总是一脸惊慌，而是表现出与其年龄不符的深沉。事实上，此时的柏拉图与所有那些天赋异禀的哲学家一样，早早地对社会问题展开了思考。暴政制度自然不可取，但民主制度又是那样的弱不禁风，似乎随便什么冲击到来都能让它灭亡。

正是如此深刻的思考，才让他产生了全新的思想雏形，在他头脑中的那个理想国度，正义被人们奉为无比神圣的东西，并且被他纳入了自己的哲学体系。至于如何实现一个充满正义的世界，柏拉图也给出了自己的答案，即把所有政治家都变成哲学家。当然，想要达成这一理想，首先必须要有政治能力超群的人做出哲学引导，并且最好能够普及到整个社会的广度和深度，而柏拉图在形成这一思想之时，就有了一个非常合适的人选，那就是他自己。

当柏拉图喋喋不休地把这些"真理"讲给别人听时，几乎招致了所有人的侧目，好在这些人当中并不包括他的继父皮利兰柏。不得不说，这位优秀的政治家确实见多识广，在听了柏拉图的话之后，他知道自己遇到了一位天才，因为他所说的这些"真理"，居然和另外一个人不谋而合，而这个人就是举世闻名的哲学大师——苏格拉底。

百里挑一的希腊猛士

柏拉图拥有强健的体魄，除了他自己热衷于每天锻炼外，与当时的社会风气或者说社会制度也有一定关系。当时的雅典作为经济文化之邦，武力逐渐退出社会主流地位，但随着斯巴达人的进犯，雅典人开始重新注重锻造国民的勇武之气，统治者效仿斯巴达人的做法，制定了全民皆兵的社会制度。

按照规定，雅典公民凡年满18周岁，都必须参军服役两年，然后才能获得相应的公民权利。与我们的惯有思维不同，柏拉图虽然出身贵族家庭，但是在服兵役方面不仅没有什么特权，而且执行得更加一丝不苟。这对于他来说不仅是一种义务，更是一众爱国情感的表达方式，同时也出于其身为贵族的荣誉感。

公元前409年，刚刚年满18周岁的柏拉图，迫不及待地投身军旅生涯。对他来说，陌生的军队生活新奇而兴奋，沉重的训练任务丝毫没有消磨他的意志，相反却让他的体魄和心智变得越来越强大。更为重要的是，通过这段艰苦的岁月磨砺，柏拉图体会到了团结他人的重要性，这对他此后的人生道路及哲思构成，也起到了极大的促进作用。

也许是因为很早就养成了锻炼身体的习惯，柏拉图在军中尤以意志力著称，这让他把很多几乎不可能的事情变成了现实。众所周知，块头比较大的人力气会很大，但是在灵敏度方面则会不同程度地打折扣，很多大块头的士兵也因此无法胜任一些技巧性的任务。但柏拉图偏偏不相信这一点，当他意识到自己的反应能力有所欠缺后，并没有像大多数大块头那样偏重力量训练，而是在集体训练完成之后，独自进行灵敏度训练，这让他凭借过人的意志，最终成长为一名全能型的士兵，成了教官和战友们的骄傲。

强大的意志力来自强大的信念，柏拉图在进入军旅之初，即表现出一位职业军人所必需的潜质。据说，在一次野外实战训练中，柏拉图的一位战友不幸坠崖，众人随即在教官指挥下展开有序的搜救。不过很遗憾，尽管所有人都竭尽所能地去搜救，但是直到天黑之后也没有找到坠崖的战友。当时的训练场地，除了恶劣的天气情况外，还有很多野兽毒虫出没，更重要的是敌人也随时可能出现，因而教官最终决定放弃搜救。

命令传到每位士兵耳中，虽然大家都已经疲惫不堪，甚至有人受了很严重的伤，但几乎所有人都为之错愕。原因很简单，尽管野外实训不是上阵打仗，丢弃战友的事情却向来不是军人所为，于是大家纷纷表示不满。然而，军令如山，在教官的强大压力下，大多数战士没了声音，再加上环境越来越凶险，饥寒交迫也越来越严重，士兵们便开始倾向于暂时赶回营地，等到明天天亮之后再来寻找坠崖战友。

教官意味深长地看了看大家，就在他以为所有人都会低下头去的时候，一颗高昂的头颅却与他对上了目光，而这名士兵正是柏拉图。教官自然很气愤，严厉地指责柏拉图不服从命令要承担后果，并且再次训斥他服从命令是军人的天职。没想到柏拉图针锋相对，他告诉教官解救战友和军人的荣誉同样重要，既然二者发生了冲突，他宁愿被除去军人的头衔也要去救自己的战友。

让大家没想到的是，教官忽然合掌大笑，并且用一声悠长的口号，将那名"坠崖"的士兵召到了阵前。原来，这场意外是教练有意安排，目的就是为了检验所有士兵对自己战友的忠诚度。这场看似荒诞的"演出"，实际上蕴含了更深一层的含义，那就是对于一名士兵而言，如果他对自己的战友都无法保持忠诚，那么对于自己的军人荣誉乃至国家和民族，也就很难保持高度的忠诚了。

然而，在经过这件事之后，柏拉图虽然得到了教官的赏识，却在战友中遭到了排斥。不可否认，柏拉图不惜顶撞教官坚持个人选择毫无心计可言，但是他这样做却无意中把自己置于战友们的对立面。因为他对战友的忠诚，无疑是以战友们的不忠诚来衬托的，由此柏拉图的存在也就成了对他们的羞辱，如此柏拉图自然不会受到大家的欢迎。

好在军队之中虽然也存在钩心斗角，但是在面对强大的外部矛盾时，大家还是会形成很强的向心力。不难想象，在单纯的冷兵器时代，战场上的士兵如果想要取得胜利，哪怕只是想保住性命，团结一致是最基本的要求。否则，一旦己方的阵形被冲散，接下来无疑将成为待宰的羔羊，任凭敌人杀戮。柏拉图意志坚定，身形魁梧又战术高超，在战场上很容易成为团结众人的核心，这一点很快就让他的孤立困境烟消云散了。

只是柏拉图很困惑，自己越是受到大家的欢迎，就越是感到前所未有地孤独。谁也不能否认，人的社会价值体现往往需要尽可能地融入社会，而融入社会最主要的表现就是和身边人打成一片，这往往也是获得个人归属感的重要方式之一。可惜柏拉图早已在孤独的思考中习惯了默默地审视一切，一个哲学家必然拥有与众不同的社会视角，这就让孤独几乎与有史以来的所有哲学家如影随形，柏拉图自然也不例外。因此，柏拉图越是主动与身边的人亲近，就越是表明他内心的孤独，而这份孤独也将从此陪伴他的一生。

狂欢是一群人的孤单,孤单是一个人的狂欢。被孤独击中的柏拉图越来越痛苦,但同时也越来越尽兴,因为孤独和思考总是能够孕育出无穷的智慧。而智慧有时候比毒品更容易让人上瘾,柏拉图因思考而得到智慧,却又不得不为了更高的智慧而去思考,他的生命也就在无尽的痛苦思考和瞬间的满足中极速燃烧起来,直至凤凰涅槃,使之成为一位惊世骇俗的哲学大师。

—— 善于思考的士兵 ——

柏拉图在整个军旅生涯中，不仅在体质和意志方面得到了长足发展，而且也获得了大量的知识和艺术修为，或者说这些东西原本就是相辅相成地增长而来。从公元前414年至公元前405年，雅典先后上演了阿里斯托芬的《鸟》《少女的和平》《蛙》，索福克勒斯的《皮罗库特斯》，以及欧里庇得斯的《奥乐斯特斯》。柏拉图几乎到场观看了所有这些在欧洲文学史上具有划时代意义的大师级作品，充分沐浴着古希腊戏剧黄金时代的光芒，汲取了大量文学方面的知识，为其日后成长为新的大师打下坚实基础。

阿里斯托芬一生创作了四十四部喜剧作品，是古希腊喜剧作家中的代表人物，也是雅典三大喜剧诗人中唯一有传世作品的诗人，享有"喜剧之父"的美誉。此外，阿里斯托芬在欧洲文学史上的重要地位，还在于以他为分界线的喜剧发展史，即阿里斯托芬及其之前的喜剧作品被称为旧喜剧，而在他之后的喜剧作品则被称为中喜剧和新喜剧。

在作品内容方面，阿里斯托芬喜欢运用犀利深刻的语言针砭时弊，其中不乏一些重大的政治问题。这些观点基本代表了底层民众的利益，因而阿里斯托芬不仅具有较高的文学地位，也得到人们的高度推崇，被认为是希腊旧喜剧时期最伟大的诗人之一。在政治主张方面，阿里斯托芬大胆新奇，他坚决反对武装抗击斯巴达人的进犯，陷人民于水火之中，而是应该以协议的方式接纳、融合他们，以显示古希腊文明的强大，而这些内容无疑都反映在了阿里斯托芬的喜剧作品之中。

　　作为一位伟大的诗人，阿里斯托芬也对当时后世的学生做出训示。他认为，一名合格的诗人应该恪守真理，宣扬正义，为人民的幸福而贡献毕生精力。因此，阿里斯托芬坚决反对那些为了文艺而文艺的靡靡之音，认为这些是把人民引向堕落的罪行，应该受到严厉的惩戒和高度的警觉。

　　索福克勒斯是雅典三大悲剧诗人之一，他认为人的命运是生来注定，但是他不认为这是真实存在的神的具体安排，而是一种由大小因果关系组成的抽象概念。与此同时，索福克勒斯认为人应该认清自己的命运，坚持独立自主的拼搏和奋斗精神，并且对自己做出的所有行为负责，只有这样才能认清自己的命运，且将命运牢牢握在自己的手中。

　　在具体的文学作品中，索福克勒斯率先建立了第三人称角色和作用，并且通过对话形式来表现主要戏剧人物之间的冲突。同时，合唱队的作用被索福克勒斯大幅弱化，这在当时的喜剧领域无疑具有颠覆性的意义，当然索福克勒斯并没有在文艺层面破坏喜剧的美感，这也是他之所以大获成功的原因所在。除了这些，索福克勒斯还将恐惧元素引入喜剧之中，甚至特意创作了一些恐惧戏剧，这样也就为后来恐惧喜剧的发展奠定了基础。

　　索福克勒斯在政治方面的主要贡献，被认为是完美处理了城邦（即国家）和家庭之间的利益矛盾关系，或者称为建立了一种圆满的社会伦理关系。简单来说，索福克勒斯首先肯定了城邦的利益至高无上，但他同时指出这必须以统治者重视家庭利益为前提，否则二者就会陷入本末倒置的恶性循环之中。事实上，这一点与我国传统的"家国天下"思想有着异曲同工之妙，所谓求忠臣必于孝子之门，一个人如果连自己的父母都不孝顺，也就很难相信他懂得什么民族大义了。

索福克勒斯的政治观点，还得到了后世著名哲学家黑格尔的支持，并进一步指出统治者和被统治者都应有自己的利益出发点，同时兼顾对方的利益。公元前406年，索福克勒斯不幸因病辞世，当时雅典人和斯巴达人的战争还在进行，索福克勒斯的遗体无法得到安葬。在这种情况下，斯巴达人居然下令全军停战，让雅典人安心为其举办葬礼，可见索福克勒斯在当时的社会影响力。

欧里庇得斯也是雅典三大诗人之一，其一生作品达到90部以上，对于后世悲剧的发展产生了深远影响。不过，后世对于欧里庇得斯的评价却毁誉参半，追随者认为他是古希腊最伟大的悲剧作家，反对者则认为古希腊的悲剧正是在他的手中走向没落。事实上，任何一种文学形式都会有一个兴衰过程，绝不存在一种永恒兴盛的文学形式，欧里庇得斯既然能够代表一个文学时期，这本身就标志着其不可替代的文学地位。

在政治方面，欧里庇得斯是民主制度的坚定拥护者，对泛神论提出了反对，因而神在他的笔下往往荒诞不经，代表自主命运的个人往往被赋予崇高地位。雅典内战期间，欧里庇得斯对一系列问题进行了深入剖析，尤其对统治者对人民和奴隶的压迫表达了不满。另外，对于雅典的不义战争，以及国家内部的贫富悬殊、男女不平等和道德沦丧的问题，也都提出了强烈的谴责，而他也因为这些言论被雅典当局驱逐，直至晚年孤独地客死异乡。此外，欧里庇得斯对于宗教也持质疑态度，他攻击所有的预言者，认为人的命运不应受到自己以外的任何力量支配，等于完全否认了神和宗教的存在意义。

在文学作品方面，欧里庇得斯同样进行了大刀阔斧的改革，凭一己之力将古希腊悲剧的辉煌历史延续了将近半个世纪。与大多数传统悲剧作家不同，欧里庇得斯并不热衷对英雄人物的歌颂，而是特别关注底层社会小人物的命运，甚至连一些文学用语也采取了大白话的形式，其通俗易懂的文学哲思对启发底层民众的智慧作用甚大且甚远。

欧里庇得斯对于政治和文学传统的颠覆，让他遭到了极大的排斥，这也让他在世时籍籍无闻。当然，欧里庇得斯一颗为人民幸福而不惜任何代价的心，还是在他死后逐渐放射出万丈光芒，以至于他对罗马和整个欧洲的喜剧影响超过了大多数戏剧家。但丁曾经在他的《神曲》中赞颂欧里庇得斯，塞内加、奥德维、歌德，且后来的拜伦、雪莱和布朗宁等人，都对欧里庇得斯推崇备至。

而正是这些在欧洲文学史上赫赫有名的人物，柏拉图或者目睹了他们的演出，或者面对面与他们交流过，其积极作用对于柏拉图的自身成长不言而喻。这一经历就像今天的学者聆听鲁迅、王国维、梁启超等大师的教诲，就算他们自身资质平平，也可以被当代年轻学者高山仰止了。可以说，这不仅是神圣而珍贵的个人经历，而且是一种大师品格，或者说人文关怀的薪火相传。

受这些文学大师的影响，柏拉图不仅集成了古希腊的文学传统，而且开创了独特的"对话体"方式阐述思想，这一体裁甚至直到今天仍然发挥着无穷的哲学效力。在柏拉图的著作当中，对话方式灵活多变，精彩绝妙，而且绝不脱离实际造成泛泛抽象感，这不仅让人们能够轻松触碰哲学思想的果实，同时也能够深入透析哲学思想的发展脉络。今天，当人们提到柏拉图的时候，往往会被他光辉的哲学成就所吸引，而忽略了他在文学方面的巨大成就，这与其说是一位大师的个人悲哀，不如说是我们对文、史、哲统一辩证关系的集体无视。

—— 风云诡谲的社会环境 ——

无论是大师引领了传奇的时代，还是传奇的时代成就了大师，二者总是如影随形地出现在历史长河中。柏拉图之所以能够成为世人敬仰的哲学家，与其天赋异禀的资质固然分不开，但是和当时特定的社会环境也有着重要的关联。

西方有一句谚语——人类是站在巨人肩膀上开拓未来的，这不仅是因为巨人为人类创造了累累文明硕果，而且也为我们指明了前进和探索的方向，可以说他们是人类的文明向导和光明使者。无疑，柏拉图就是这样一位杰出哲学家，也是一位不可否认的巨人，他在人类历史上留下了深刻的印记，当然也为人类做出了巨大贡献。而我们想要深入了解他，还是要从他所处的社会环境开始，或者说柏拉图就是那个时代的文明产物。

早期的雅典共和

雅典位于希腊中部的阿提卡半岛，这里最早盘踞着四个原始部落，并且各自的首领之间保持着松散的联盟关系。而随着社会财富的积累和分化，这些首领的社会权力也在逐步加深，除了军事权力之外，古代社会最为重要的祭祀和司法权力也被他们握在手中。不仅如此，部落的首领也不是选举产生，而是由固定的家族进行世袭，这就让处于社会底层的民众越来越感到不满。到公元前8世纪，贵族在民众的支持下成功瓦解了首领的统治地位，并设置三位执政官共同行使社会权力，即王者执政官、军事执政官和政治执政官。

其中，王者执政官是由此前的首领演变而来，实际上已经被剥夺了全部社会实权；军事执政官为全国最高军事首领，等于接管了此前首领手中最重要的权力之一；政治执政官不仅统领全国政事，而且监管司法和军事，因而也被称为首席执政官。执政官最初为终身制，但这显然违背了民主原则，因而很快就变成10年一选。后来随着社会权力的进一步细化，执政官的名额一度增加，任期也逐渐缩短至1年一选。

不过，执政官只是社会权力的具体行使者，真正的社会权力则掌握在议会手里，这也成就了世界历史上的第一个议会——阿雷奥帕古斯（Areopagus）议会。至于议会的成员，主要来自卸任的各大执政官，他们在议会内的任职都是终身制。由于议会成员（或者说执政官）都是贵族（即公民），议会又被称为贵族院或元老院，此时的雅典政治也因而被称为贵族政治。又因为各位贵族之间保持着良好的内部关系，军国大事得以共同商议决策，此时的雅典政治还可以称为共和制，这无疑为后来的民主制打下了坚实基础。

公元前621年，司法官德拉古（Draco）制定了雅典历史上的第一部成文法，这就是后来闻名世界的《德拉古法典》。概括来讲，这部法典主要规定了四项内容，包括：拥有一定数额财产的人享有公民权（最主要的是选举权和被选举权），财产数额越高的人越能够参选高层职位的选举，最基本的公民要求是能够自备武器；议会成员的组成，由元老院选拔产生改为由公民代表抽签产生（中签者即当选为相应的执政官），同时规定任何人不得连任；议会定期议事，如果有人不出席，会处以规定数额的罚金；规定议会为最高权力机构，它选取并监督各大执政官，如果有人对执政官的裁决提出申诉，议会具有最终裁决权。

从这些内容来看，《德拉古法典》并没有触动奴隶社会的本质。它完全是以财富数额来进行社会权力分配，并且将这种权力分配进行了合法化、巩固化，将广大底层民众基本排除在了权力体系之外。不言而喻，贵族集团在掌握国家权力之后，也步了首领集团的后尘，将权力逐步揽入自己手中。但不管他们如何苦心经营，占社会成员大多数的底层民众还是拥有更加强大的力量，当他们意识到自己的权益受到侵害时，所能爆发出来的力量是任何势力都无法阻挡的。

当然，《德拉古法典》也有一定的进步意义：首先，它调和了贵族集团的内部矛盾，让贵族统治更加稳定；其次，该法典废除了元老院的世袭制度，改为公民（即贵族）选举制。同时，《德拉古法典》对于公民要求下限的延展（即只要自备武器即可享受公民权），也让广大中产阶级进入到社会权力体系之中，尽管他们只能参与底层社会的管理，但还是加大了社会稳定的基础。

梭伦改革后的民主浪潮

贵族集团登上历史舞台之后，雅典的社会权力已经完全集中到了贵族阶层手中，整个国家的土地更是被他们牢牢掌握在手。普通农民租赁贵族的土地，必须以自己和家人作为抵押，一旦出现债务问题就会成为奴隶。随着土地越来越集中在少数贵族手中，沦为奴隶的民众也越来越数不胜数，一场社会大变革的客观条件已经基本成熟。

公元前594年前后，雅典出现了一个新的社会阶层——商业奴隶主。所谓商业奴隶主，就是那些失去土地的人不敢为奴，只能远走他乡甚至出国经商，在获得成功之后对外籍商人和外国农民进行奴役。而商业奴隶主想要奴役外籍人，就必然需要大量本国人的帮助，既然贵族不可能为他们服务，他们就只能去收买本国的奴隶阶层，这就让他们和旧贵族之间产生了不可调和的矛盾。

所谓敌人的敌人就是自己的朋友，商业贵族和旧贵族产生矛盾，原本属于弱势群体的奴隶阶层意外获得了一些社会权力。又因为奴隶阶层和旧贵族长期积累的矛盾，他们很快和商业奴隶主结成了利益同盟，这立即让旧贵族的地位变得岌岌可危。经过一番激烈的对抗，梭伦被推上了历史舞台，成为最新一任执政官，同时担负起调和三方矛盾的历史使命。

上任之后，梭伦不负众望，立即大刀阔斧地推出了一系列改革措施，内容摘要为：

1. 取缔全部旧有债务关系，恢复奴隶的农民身份，同时废止本国奴隶制度。
2. 依据个人财产数额将全国民众分为四个等级（拥有500麦斗以上财产者为500斗级、拥有300麦斗以上财产者为骑士级、拥有200麦斗以上财产者为双牛级、拥有财产不足200麦斗者为日佣级）。其中，一、二级公民经选举可出任高级官职，三级公民经选举可出任低级官职；四级公民不可担任任何官职。
3. 设立全民大会制度，并且在一、二、三级公民中选出400人，作为全民大会的常设机构，同时也是全国最高权力机构。
4. 设立陪审团，监督司法公正。
5. 官员任职实行部落推荐—抽签方式，但财产数额仍有明确规定。
6. 改革币制和度量衡，刺激经济发展。
7. 公民财产私有合法化。

经过这次大改革，处于社会底层的农民（即奴隶）直接除去债务负担，虽然仍被排挤在社会权力核心层以外，但他们获得了基本的选举和司法参与权，在整个历史发展过程中具有很大的进步意义。另一个重大意义是，新贵族（即商业奴隶主）的出现和地位巩固，使之成为介于旧贵族和农民之间的缓冲阶层，使整个雅典的社会权力出现了三足鼎立的局面，相对稳定地支撑起了雅典社会的运转。同时，雅典社会的唯门第论也从此变为唯财富论，贵族集团一家独大的历史从此画上句号，底层民众的权力逐渐得到应有的尊重。

总之，梭伦改革的成功，宣告雅典社会从奴隶制度转入初级民主制度。

克里斯提尼带来的民主大发展

梭伦改革之后，雅典的社会权力出现三级分化，旧贵族集团成立了平原党派，新贵族集团成立了海岸党派，平民阶级也顺势成立了山地党派。山地党派传到庇西特拉图手上时，他设计在党内通过了一项决议，建立了属于平民阶级的军队，避开全民选举，武力夺取最高社会权力，成为雅典历史上的第一个"僭主"。坐稳权力宝座后，庇西特拉图基本遵循了梭伦制定的民主制度，在发展平民势力的同时，也兼顾了旧贵族和新贵族的权益，对雅典社会的发展起到了促进作用。

庇西特拉图死后，雅典社会进入一段混乱的党争时期，直到克里斯提尼上台之后情况才有所改观，并随即发起了社会改革。然后，他的影响力和支持力远不及梭伦，改革受到斯巴达人的强烈反对，甚至被驱逐到了国外。好在民主制度已经深入民心，斯巴达人妄图武力独裁的美梦被议会和民众击碎，克里斯提尼被迎回国内重新主持改革大局，使其得以顺利进行。

克里斯提尼的改革思想很明确，就是将社会权力碎片化，他将全国分为十个部落，每个部落分若干区域，每个区域又分若干村社。如此一来，底层民众的权力被彻底打碎，等于纠正了庇西特拉图的底层群众权力集中造成的社会隐患。当然，克里斯提尼分化底层权力的同时，也将社会权利交到了民众手中，他们不仅拥有了绝对的选举权，甚至村社之内可以自己组建军队，以捍卫自己的社会权利。

经过此次改革，雅典社会的氏族制度被彻底瓦解，平民和旧贵族之间的对抗也基本得到了消除。与此同时，农民成为土地的真正主人，为雅典社会的稳定和发展建立了强大的权力基础，雅典也由此赢得了真正走向民主的机会。不过，克里斯提尼作为新贵族的代表，最终还是不可避免地将真正的社会权利引向了工商业奴隶主，好在新贵族也是民主制度的坚定拥趸，因而雅典的民主制度由此得到长足发展。

伯里克利带来的民主巅峰

公元前492年，希腊遭到波斯入侵，双方随即爆发了一场大战——希波战争。在这场史无前例的战争中，斯巴达人作为陆上作战的主要力量，雅典人作为海上作战的主要力量，对波斯人的侵犯进行了迎头痛击。到公元前479年，以雅典人为主的希腊大军已经由战略防御转入战略反攻，并且一举攻入波斯国内，取得了战争的彻底胜利，为雅典人的霸权时代拉开了帷幕。

这个时候，雅典的又一位新星——伯里克利，已经在战场上成长为一位名将，并且开始以鹰隼般的目光重新审视整个希腊。公元前461年，随着希腊国外压力的消解，内部矛盾随即上升为主要矛盾。民主派领袖厄非亚尔特首先发难，夺取了贵族派的权力，以至于遭到贵族派的暗杀，伯里克利作为民主派中最耀眼的新星，由此登上历史舞台。

凭借在军中建立的威望，伯里克利很快握紧了权力之柄，并且随即展现了强大的政治才能，很快被推举为雅典最高行政官。在此之后，伯里克利严格遵循民主制度，得到了空前一致的拥护，以至于前后连任达15年之久，把雅典的民主政治引入了巅峰时代。到公元前429年，即伯罗奔尼撒战争爆发的第二年，伯里克利因病离世，而这个时候距离柏拉图出生只剩下两年时间。

凭借伯里克利的励精图治，雅典的文化艺术已经非常繁荣，尤其是他对喜剧的喜爱，引领了全民观剧的热潮，使喜剧得到了史无前例的大发展。不仅如此，伯里克利还利用战争掠夺的大量财产，将雅典城打造得奢华至极，此举在吸引大量商人前来贸易的同时，也吸引了大量的哲学、文学、艺术和科学大师，使雅典从此成为世界文明中心之一。然而，随着伯里克利的离世，雅典的繁荣开始急速走向衰落，柏拉图则正是在这一时期逐渐长大的。

暗淡的民主衰落之路

伯罗奔尼撒战争是雅典和斯巴达为争夺希腊霸主地位而进行的内战，由于雅典的当政者是众望所归的伯里克利，谁也不相信斯巴达人的进攻会掀起什么风浪。但是上天似乎已经不愿再眷顾雅典人，在战争开始的第二年便降下一场瘟疫，夺去了包括伯里克利在内的无数雅典人的性命，斯巴达人由此得以乘虚而入。

公元前413年，斯巴达舰队在西西里大败雅典舰队，这让以海军见长的雅典人彻底失去了翻盘的机会。同年，斯巴达大军兵临雅典城下，雅典人只好向当年的死敌波斯人求助，结果因为无法接受对方的条件而作罢。随后，勇敢的雅典人虽然阻挡了斯巴达人的进攻，却无法阻挡内部寡头

（旧贵族）势力的崛起。随着寡头派一手炮制的400人议会全权掌握军国大权，社会中底层民众的政治权利被大举剥夺，雅典的民主制度开始江河日下。

好在400人议会能够控制民众，却无法控制手握实权的军队将领，尤其是仍然保持一定战斗力的海军将军。公元前407年，全国民众已经被400人议会搞得怨声载道，海军将领随即在民意的支持下迎请伯里克利的侄子亚西比德回国主持大局。尽管亚西比德成功终结了400人议会的统治，却无法扭转战场上的节节失利，再加上他早年投敌叛国的经历，不仅被匆匆赶下台，而且在逃亡波斯后还惨遭杀害。

公元前404年，雅典的最后一支海军力量被斯巴达海军歼灭，迫使雅典当局不得不选择投降。很快，斯巴达人以征服者的身份在雅典建立了一个傀儡政权，由于这是一个由30人组成的委员会，史称"三十僭主"。他们的统治比400人议会更加昏聩残暴，因而很快就激起了民众的强烈反弹。

首先举起义旗的是流亡国外的民主派人士塞拉绪布罗，他不仅建立起强劲的武装力量，而且成功击败前去镇压的"三十僭主"军队，顺利建立了自己的势力范围。很快，在塞拉绪布罗的带领下，全国各地势力纷起，并最终合流为三股政治力量。值得玩味的是，三股政治势力仍然代表着旧贵族、新贵族和底层民众，如此对于历史重演也就不足为奇了。最终，在广大底层民众的支持下，代表底层民众利益的拜里尤斯政府又一次联合新贵族，取得了政治斗争的胜利，而这也意味着民主制度再次光临雅典大地。

然而，此时的雅典早已不及当年，巨大的战争破坏力让整个社会结构崩塌，共同角力的斯巴达和波斯虽然无力进犯，但这个世界上绝不仅仅只有斯巴达人和波斯人。公元前338年，马其顿王国大军来犯，曾经所向披靡的雅典大军一触即溃，从此沦为马其顿王国的附属势力，其建立的强大民主神话也由此进入历史尘封。

第二章
邂逅恩师：成为苏格拉底最得意的门徒

我们的人生很漫长，但关键所在也就是几步，柏拉图的人生转折点就在他与苏格拉底的演讲会上相遇。所谓心有灵犀一点通，在师徒二人相遇之后，无论是苏格拉底对待自己的学生，还是柏拉图追随自己的老师，都表现出了令人惊叹的时代性。苏格拉底死后，柏拉图继续在哲学道路上艰苦前行，以完成老师的遗愿，更是在全世界范围内传为美谈。

—— 20岁少年与60岁先贤携手 ——

军队虽然不是柏拉图的归宿，但是说到离开军队，柏拉图一时也不知道能去哪里。好在作为一名准哲学家，他已经在冥冥中意识到了自己的使命，于是在经过一番审视之后，他将自己的目光投向了闻名于世的苏格拉底。

事实上，早在柏拉图的童年时期，他就已经听闻了很多关于苏格拉底的观点和趣事。这不仅是因为苏格拉底的名气太大，而且他的舅舅克里蒂亚斯和两个哥哥阿得曼图、格劳孔，都是苏格拉底的忠实追随者。在他们的口中，苏格拉底被塑造成为一个近乎神明的人，这让柏拉图很早就对苏格拉底产生了浓厚的兴趣。柏拉图很想知道，究竟是怎样的一个人，能够让如此众多的人，如此虔诚地宣扬和如此坚定地追随。

一次，苏格拉底应邀到雅典讲学，柏拉图闻讯立即前往聆听。不得不说，这次听讲改变了柏拉图的人生轨迹，他从来没有想过，一个人可以凭借自己的口才，让无数人为之疯狂和倾倒。在后来的作品中，柏拉图曾经这样形容他所见的此次演讲："他（指苏格拉底）就像是传说中的巫师一样，拥有无穷的神秘魅力，能够完全操控民众的心神，而民众也确实如同中邪般随着他欢呼雀跃。"

在此之前，柏拉图虽然在哲学上已经小有见地，但是他对自己未来的规划，却将着重点放在了文学上，这从他与各位戏剧大师来往频繁就能窥见一斑。而在经历这次演讲后，柏拉图便决定将努力的方向调整为哲学，并最终成长为一名哲学大师。今天，我们不难得出这样的结论，少了柏拉图的文学界仍然群星璀璨，但是，如果哲学界少了柏拉图，无疑将会塌陷一片天地。

当然，文学和哲学之间并不存在冲突，因而柏拉图的文学造诣实际上也不容忽视，只是他在哲学方面的成就太过伟大，才导致人们对他的认识集中在了哲学家上。如前文所述，柏拉图的宝贵青春岁月与戏剧分不开，他不仅观看了众多著名大师的作品，而且和不少大师有过面对面的交流，以至于形成了良好的文学修养和独特的文学见地。

有史料记载，受雅典文风盛行的影响，柏拉图创作了很多抒情诗，其中亦有不少佳作广为流传。尤其值得一提的是，柏拉图还首创了"对话体"形式，为整个希腊的文学发展做出了重要贡献。当时，柏拉图的理想还是成为像荷马一样的诗人或剧作家，因而曾经一度沉迷于诗歌和戏剧创作，并表现出很高的文学天赋。

公元前 407 年，雅典举行一年一度的戏剧大赛，这也是属于全体雅典人的盛会，同时还有不少外族甚至外国人前来参加和学习。柏拉图在大家的怂恿下也决定参加，但是就在举行大赛的当天，柏拉图得知了苏格拉底前来演讲的消息，并且地点就在大赛的现场。于是，他顾不上连日的努力和赛事的重要，像千万个苏格拉底的信徒那样，随着潮水般的人流涌向了苏格拉底。

当时，雅典正值盛夏季节，柏拉图经过一路狂奔，更是全身臭汗，但是在他有关此次讲演的记忆里，却丝毫没有酷暑难耐的经历，而且在他的记忆里似乎所有人的脸上都洋溢着幸福的满足感和激动的崇拜感。尤其让柏拉图记忆深刻的是，在拥挤的人群中，不仅有普普通通的劳苦大众，还夹杂着很多平日里高高在上的贵族。

苏格拉底的思想究竟有何魅力，能够让如此多的人心向往之？在听了苏格拉底的讲演之后，柏拉图的疑问得到了圆满回答。当时，尽管演讲现场人山人海，却安静得能听到一根针落地的声音，以至于苏格拉底说话的声音虽然不大，却能够清晰地送达每个人的耳朵里。柏拉图听得真切，一些长久以来困扰他的问题，居然在这个陌生人的口中得到了解决。而且不仅是解决，还帮助他建立了很新的观点，以至于一时间大有醍醐灌顶和茅塞顿开的通透感，只让他感叹自己的过往人生是白白浪费了。

听完苏格拉底的演讲，柏拉图久久处于心神恍惚之中，以至于前来聆听演讲的人群散尽之后，他还傻傻地立在广场上。在那之后，柏拉图将戏剧大赛的事忘得一干二净，甚至将曾经的文学理想也束之高阁，每天只是不知疲倦地研读着苏格拉底的各种著作，全心全意只想成为像他一样的哲学大师。

服役期满后，柏拉图本来有很多道路可以选择，其中最理想的道路就是投身军旅，强大的家庭背景和优秀的从军经历，将让他很快成为一名真正的贵族。但实际上，这也是柏拉图最不可能选择的一条路，首先是对他提供最大支持的母亲，担心他上了战场之后随时可能丢掉性命，因而坚决反对他的军旅选择。其次，柏拉图一心想要成为哲学大师，他的魂魄早就已经飞到了苏格拉底身边，何况还有很多人为他搭桥引路。

对于拜师苏格拉底一事，给予柏拉图最大帮助的还是他的两位哥哥。他们不仅在柏拉图面前常常提起苏格拉底，同时在苏格拉底面前也总是提起柏拉图，并且颇以柏拉图的天赋异禀感到骄傲，这就反过来让苏格拉底对柏拉图也很感兴趣。因此，当一身军人打扮和气质的柏拉图出现在自己门前时，苏格拉底几乎直接喊出了他的名字，热情至极地将他拉入家中亲密交谈。

柏拉图出身贵族家庭，他的祖辈和雅典历史紧紧捆绑在一起。他本人不仅继承了优良的家族传统，而且从小打下了坚实的文学基础，在哲学方面也已经初露锋芒，又有扎扎实实的从军经历，这些就像是一块块金字招牌贴在柏拉图的身上。更重要的是，在苏格拉底和柏拉图的此次谈话之中，苏格拉底还有意无意地向柏拉图问起一些政治观点，而柏拉图的观点不仅得到了他的赞同，甚至还激发了他的一些灵感。

于是，在柏拉图表达了想要拜苏格拉底为师的意愿后，苏格拉底几乎没有任何迟疑便兴奋地同意了。不得不说，此前听到别人对柏拉图的一些评论，苏格拉底多少还是有一些怀疑的态度，但是此时经过和柏拉图一番交谈，才知道柏拉图的才能比人们传说的还要令人惊叹。就这样，一位只有20岁的青年，一位已经60岁的老人，穿越时间和空间的障碍交集在了一起，他们的思想将碰撞出前所未有的火花，而他们的学术成就将共同撑起雅典、希腊，乃至整个人类的一方哲学天地。

从时间上来计算，柏拉图从学于苏格拉底门下，前后一共有 8 年时间，而这 8 年对于柏拉图而言，也是他人生中最重要的黄金时期。他从老师苏格拉底身上不仅学到了很多哲学知识，而且还学到了很多待人处世之道，更学会人尽其才的教学之道。原来，苏格拉底在教授学生的时候，会根据每个学生的不同特点来制定相应的学习方法，最终使他们成长为各有所长的独特人才，而这也是柏拉图后来在自己的教学中遵循的原则。

此外，苏格拉底对于雅典政治的独到见解也与柏拉图不谋而合，他们曾共同努力，希望雅典可以回到以前的民主时代。为了实现这个政治理想，柏拉图跟随苏格拉底到处讲学，宣传他们的思想内容，希望能够改造最底层广大民众的意识，进而改变整个雅典社会的政治现状。只可惜现实和理想总是存在差距，在宣传政治思想的道路上，他们非但没有成功，反而牺牲了苏格拉底的生命，也让柏拉图对雅典的政治彻底失望，以至远走他乡。

苏格拉底的死对柏拉图打击很大，这位他一生中最尊敬的智者，给了他无数宝贵的知识和启发，为他哲学思想的深度、广度和远度延伸，都起到了至关重要的作用。从最初的相互耳闻并抱有兴趣，到后来的一见如故和惺惺相惜，他们彼此坚信政治神话的到来将在自己手中实现，并且义无反顾地将自己的人生价值与之绑定在一起。只可惜雅典腐败陈旧已经积重难返，一朝一夕之间绝难重塑辉煌，以至两位伟大的哲学家一位身死，一位心死。

应该说，尽管柏拉图和苏格拉底相差 40 岁，他们之间也有明确的师生关系，但实际上他们更是一对益友。在关于哲学问题的讨论上，他们相互认同又相互启发，不仅彼此之间解决了很多困惑已久的问题，同时也为后世很多问题的解决提供了重要依据。据说，每当柏拉图提出问题的时候，苏格拉底都不会立即作答，而是经过深思熟虑之后，也只能和柏拉图进行探讨。在很多人看来，这是因为苏格拉底治学严谨，但是只有苏格拉底和柏拉图心照不宣，前者是因为害怕在后者面前说错话。

何况，在苏格拉底看来，每个人对事物的看法不同，因而每个问题的答案或者说观点也就不尽相同。苏格拉底在自己的著作中也曾提到："所谓现实社会的答案，永远没有对与错之分，只有适用与不适用之别。"作为老师，苏格拉底对于自己积累的经验知识自然会倾囊相授，但是作为朋友，他还是会允许柏拉图的观点得到应有的发挥和发展。实际上，也正因为如此，苏格拉底和柏拉图之间经常进行辩论，好在他们倒总能找到最理想的答案。

当然，苏格拉底对柏拉图的影响，不仅是在哲学方面，同时也在政治方面。柏拉图的政治哲学思想深受苏格拉底的影响，其一生中创作的绝大部分著作，都是以自己和苏格拉底的对话为主，而这些对话无不闪现着苏格拉底的政治智慧。最后，尽管苏格拉底的政治智慧并没有在现实世界中得以实现，但柏拉图作为对老师的崇敬和缅怀，还是把它写入了自己的著作之中，这才让后世政治家有了取之不尽的政治智慧宝库。

—— 破碎在"三十僭主"之下的政治理想 ——

柏拉图出身政治世家,有着先天的政治优势,同时也表现出一定的政治天赋,因而很早便形成了自己的政治理想。在柏拉图的成长经历中,有过一段"三十僭主"执政的时期,同时也正是雅典历史上的一段重要时期,而"三十僭主"当中的查米德斯和克里蒂亚斯正是柏拉图的舅舅。

如果从大多数人尤其是今人的观点来看,"三十僭主"的统治自然昏聩无道,但是在"三十僭主"自己看来,自己却是救世主一般的存在。柏拉图作为"三十僭主"的后代,自然也会受到他们的影响,这一点从柏拉图早起对"三十僭主"的统治抱有幻想便能看出。而后随着柏拉图的年纪越来越大,自己的所见所闻加上民众的处境和怨言,他很快就明白了"三十僭主"的真实面目。

事实上,"三十僭主"作为一个傀儡政权,本身的处境就已经很尴尬。一方面,他们不得不毫无条件地遵从斯巴达人的命令,另一方面又要承受国人对他们的"叛徒"评价,因而在压制和声讨中他们最终还是不可避免地滑向了暴政统治。不得不说,非常时期使用非常手段是一件无可厚非的事情,"三十僭主"之所以遗臭万年,主要是因为他们毁灭了雅典社会的核心社会价值——民主。

众所周知,所谓民主需要强大的法律体系进行保障,而法律体系得以运行的基本前提就是一个稳定的社会环境。斯巴达人虽然在军事上打败了雅典人，但是并没有在民族观念上摧毁雅典人，因而反对斯巴达人的战火从未在雅典土地上彻底熄灭，至于扑灭这些战火的人自然只能是"三十僭主"。久而久之，反对者为了寻求生存只能不择手段，而"三十僭主"也不得不放弃常规的法律手段，这就导致雅典核心政治的沦丧，实际上等于陷入了一个无法自拔的恶性循环。

柏拉图长大之后，很快形成了自己独立的思想体制，反对"三十僭主"也就成了他参与政治的主要方式。而由于柏拉图和"三十僭主"的特殊关系，尽管他的行为不免激烈，实际上却不必承担太大的风险。今天，当我们翻阅当时的一些史料，就会发现"三十僭主"当中不仅有柏拉图的两位舅舅，还有他的叔叔——克里提阿斯的人，"三十僭主"的首领。

不仅如此，克里提阿斯还有一个更加隐秘的身份，那就是苏格拉底的学生。不错，尽管此人天赋文才，却野心勃勃，毫无道德观念，往往为了达到目的而不择手段。离开苏格拉底之后，他便开始苦心经营自己的政治前途。所谓物以类聚，克里提阿斯很快就聚集了一批"志同道合"的朋友，凭借各自良好的出身，居然还在雅典上下形成了一定的势力，只是距离雅典社会的最高权力阶层仍然有一定距离。

斯巴达人将雅典当局击败后，克里提阿斯便以反政府者的姿态登上历史舞台，很快得到了斯巴达人的示好。由于此前遭到雅典当局一再排挤，克里提阿斯早已心存不满，此时在良心上也没有什么负担，很快就与斯巴达人走到了一起。不得不说，克里提阿斯对于自己的政治资历还有一点自知之明，因此并没有在国会上大权独揽，而是首先成立了一个由三十个贵族代表组成的政治联盟，然后通过这个政治联盟对全国实行统治。

这一并不高明的手腕，却收到了比较理想的效果，雅典社会得以在克里提阿斯实际控制下开始运转。可惜没过多久，让那些老政治家们担心的事情发生了，不懂法制重要性的克里提阿斯执意解散旧有的议会，建立了一个完全听命于自己的议会，为其独裁之路迈出了坚实的一步。果不其然，新议会以迅雷不及掩耳之势任命了一批新官员，而这些听命于"三十僭主"的官员所组成的政治网也立即覆盖雅典全国，导致此前的民主体制一夜间荡然无存。

接下来，克里提阿斯要做的事情就是铲除异己了，为此他甚至不惜制定并推出了一系列恐怖政策，导致全国上下人心惶惶。然而，哪里有压迫哪里就会有反抗，拥有尚武传统的雅典人纷纷发起反抗，"三十僭主"的统治很快就到了举步维艰的地步。无计可施的克里提阿斯居然找来斯巴达军队，同时建立了一支包括暗杀成员的情报组织，对雅典实施更加剧烈的高压统治。

再次掌控全国之后，克里提阿斯自认为可以高枕无忧了，贪心作用下居然将手伸向了民众的钱袋。当然，在此之前克里提阿斯也作好了功课，即恢复之前的贵族统治，然后让贵族为他们织网敛财，同时也将民众的怨恨转嫁到了整个贵族集团身上。可惜，越是高明的政治手腕用在了歪门邪道上，就越是会造成无法挽回的恶果。遭到"三十僭主"迫害的人越来越多，他们自然组成了反抗同盟，这就让克里提阿斯有了心腹之患。

为了铲除这些反对自己的顽固分子，克里提阿斯只能使用更加极端的手腕，而这也终于让"三十僭主"成员有些看不过去了。然而，克里提阿斯一意孤行，居然对自己人动刀。第一个倒霉的人叫泰拉蒙涅斯，为了起到杀鸡儆猴的效果，克里提阿斯不仅没收了泰拉蒙涅斯的全部财产，而且将其下狱之后还迫害致死。如此一来，克里提阿斯的"暴君"头衔便戴实了，包括最亲近的人在内几乎每个人都害怕他，但也只有克里提阿斯才知道，他更加害怕每一个人。

事实上，"三十僭主"统治雅典不过 8 个月时间，但是对于整个雅典社会体系却造成了毁灭性的破坏，遭"三十僭主"迫害致死的人数，比整个伯罗奔尼撒战争中的伤亡人数还要多，就是一个充分的说明。当然，杀人者必遭人杀，克里提阿斯的暴虐统治最终还是导致众叛亲离，很多曾经和他迫害民众的人发觉风头不对，早早地选择了外逃保命，"三十僭主"的政治危机开始与日俱增。

这一时期，柏拉图还在继父家生活，他最大的希望就是看到"三十僭主"倒台，然后出现伯里克利那样的伟大人物，带领雅典人民走出历史迷局，恢复曾经的霸主地位。有时候，柏拉图甚至幻想自己就是伯里克利，并且将在适当的历史时机出现后，像伯里克利那样完成历史使命。

值得一提的是，由于自己的亲人是"三十僭主"成员，其中甚至包括代表人物克里提阿斯，柏拉图对于通过改革复兴雅典抱有很大希望。在他看来，只要自己痛陈利弊，并且提出切实可行的政治道路，完全可以改变"三十僭主"的想法，使他们能够成为利国利民的全新统治者。可惜他们不知道，从"三十僭主"的双手沾上人民的第一滴血开始，他们的统治就已经贴上了暴虐的标签，就连他们自己想要改变也完全不可能了，而这无疑正是斯巴达人想要看到的结果，或者说"三十僭主"从一开始就被斯巴达人置于绝地。

至于柏拉图的政治主张和方法，虽然在当时完全不具备实行的条件，但是不难看出其明显的历史印记和时代价值。在柏拉图看来，管理者的精力毕竟有限，因而国家的规模不宜过大，也只有这样才能让民众安居乐业，享受更多的福利。对于全体国民，柏拉图认为除了统治阶层外，还应该有武士和劳动者两个阶层，统治者依靠智慧和道德维护统治，武士因为荣誉维护统治者，而劳动者则因为劳动力供养武士和统治者阶层，简言之就是三个阶层各取所需、各尽所能。

除此之外，柏拉图还认为民众的素质和品质优劣决定国家命运，因此统治者应该重视兴办教育，将国民的素质和品质提升到较高的水平。人的品德是政治的基础，保持公民完善的品德，矫正人们歪曲的思想，有赖于具有完善品德的哲学家。简言之，良好的社会秩序需要高素质的国民，高素质的国民需要大师级的教育家和高质量的教育体系，唯有这样才能形成理想的民主土壤，恢复雅典曾经的历史辉煌。

如果不能如此，整个社会就会滑向物质至上的深渊之中，那么所谓的约束力将成为统治者谋取权力的工具，同时也将成为全社会争相践踏的对象。伴随而来的，将是整个社会的混乱无序，直到所有人都失去安全感，再从杀人者变成最后的被杀者。为此，国家除了要有强大的引导力，还要有强大的保障力，对于那些有违社会核心价值的行为，要进行最严厉、最公正的惩戒，最终将知识、美德和权力打造成为有机的统一体。

然而，当柏拉图认识到"三十僭主"的统治本质后，愕然发现自己的所有想法不过是一纸空谈。在他的印象当中，叔叔克里提阿斯温文尔雅且学识渊博，谈起做人和治国的道理来几乎无人能及，但是在治理国家的过程中，也俨然变成了杀人不眨眼的恶魔。直到身边的战友被送上刑场，柏拉图才不得不承认，如果自己不是"三十僭主"的亲人，恐怕将先于所有人悬于绞架之下。

如此种种，不禁让柏拉图感到羞愧难当，这才让他毅然决然地选择离开雅典去服兵役，并且在服役期满后不远千里投奔苏格拉底，好在这也让柏拉图向着真正的哲学巅峰迈出了坚实的一步，并为其最终成为哲学大师奠定了坚实的基础。

—— 圣贤之间的精彩故事 ——

作为苏格拉底的得意门生,以及后来雅典最著名的哲学家之一,柏拉图确实有着异于常人的天赋和耐力。相传,柏拉图成为苏格拉底学生的第一天,就得到了一项特殊的任务,就是把手臂向前甩之后再向后甩,唯一的要求是每天甩30下。之所以说这项任务特殊,并不是因为它很艰巨,而且恰恰相反是因为它太简单了,所以苏格拉底的其他学生完全没有当回事。

不过,既然是老师交代的事情,大家也只能照着做,只是从此之后苏格拉底并没有再提起这件事,渐渐地大家也就将其抛之脑后了。一周以后,苏格拉底忽然问还有谁在坚持每天甩手30下,结果只有一半学生举起了手。等到一个月后苏格拉底再问时,举起手的学生已经寥寥无几。再到一年之后苏格拉底又问,便只有一个人仍然在举手,而这个人就是苏格拉底最喜欢的学生——柏拉图。

接着对柏拉图的表彰,苏格拉底给学生们讲述了一个浅显的道理,即只要足够认真地去做一件事,几乎没有什么事情做不成,所谓"世上无难事,只怕有心人"。甩手30下,是一件所有人都能做到的事情,但是每天不间断地坚持一整年,却很少有人能够做到。然而,柏拉图做到了,以小窥大,他做其他任何事情的时候,也将继续保持这份恒心,那么也就没有什么事情能够难倒他了。

事实上，任何一个胸怀抱负的人，都急需寻找一个有才干的人。之所以常常听到"千里马常有，而伯乐难寻"的无病呻吟，往往是因为大多数人并不够优秀。一如柏拉图和苏格拉底的师生关系，苏格拉底拥有学生无数，为什么独爱柏拉图一人，这并非是因为苏格拉底有什么偏爱，而是因为柏拉图足够优秀。换句话说，即便柏拉图是另外一位老师的学生，仍然会得到格外的恩宠，这也是二人一见如故的原因所在。

当然，柏拉图和苏格拉底朝夕相处达8年之久，他们之间发生的故事绝不止一件。在这些事情当中，涵盖了二人对于爱情、婚姻、外遇、生活等问题的探讨，而他们之间的每一次讨论，都显示出了苏格拉底高超的教育能力，以及柏拉图超凡脱俗的领悟能力，于是他们之间的每一次对话，都给后人留下了无限的智慧启示。

一次，柏拉图在课后陪苏格拉底到树林散步，兴致颇高的师生二人对当天课业探讨完毕之后，柏拉图忽然问了一个关于爱情的问题。作为哲学家，师生二人看待问题的角度自然与众不同，这也让他们很快把爱情提升到了哲学高度。经过一番思考，苏格拉底并没有着急回答柏拉图的问题，而是抬手指着森林的深处说："倘若让你穿过这片原始森林，去战胜未知的危险和挑战，身边有马、狗和兔子，你会选择带哪种动物？"

柏拉图思考了片刻，如实回答说："我会选马或者狗，因为马能代替我走路，狗能为我引路，而兔子恐怕什么忙都帮不到我。"

苏格拉底不置可否，只是语气平和地说："如果换成是我，则会选择兔子，原因恰恰是因为兔子什么能力都没有，我要通过努力把它带出危险境地。"

柏拉图恍然大悟，在大多数人的思定惯式中，首先考虑的都是自身利益，因而在选择爱情或者说终身伴侣时，首先考虑的事情就是对方能够带给自己什么。既然如此，爱情也就变成了一味地索取，而一味地索取迟早会换来缘分散尽。相反，如果一个人在选择爱情或者说终身伴侣时，考虑的事情是如何给予和保护对方，那么爱情就变成了单纯的付出，而心甘情愿的付出不仅能够维系长久的爱情，最终也必然会换来对方的付出，如此又怎么可能让缘分散尽。

又一次，柏拉图问苏格拉底什么是外遇，恰好师徒二人面前出现了一片花丛，苏格拉底便指着花丛说："你去摘一朵最喜欢的花，但条件是只能选一次，更不能在回来的路上重新选择。"

柏拉图迷惑不解，但还是照着老师的话去做了。过了很久之后，他才捧着一朵颇为艳丽的花回来，但脸上仍然是不满足的神情。苏格拉底一语道破他的心机，说："你的确选择了一朵很漂亮的花，但你一定发现了更漂亮的花，所以你中途必定将选在手里的花扔掉了，而到最后，你发现每一朵花都很漂亮，自己根本采不过来。"

柏拉图面带愧色，无言以对。

苏格拉底继续说："这就是外遇。世界上并不存在一朵最漂亮的花，哪怕你得到了理论意义上最漂亮的花，依然会被其他的花吸引注意力。喜新厌旧是人的本性，得不到的永远是最好的，而得到手的又不懂得珍惜。很多人早早地明白了这个道理，所以他们能够很好地处理外遇问题，有些人一辈子不懂，便接连被眼前的、一时的心潮澎湃所蒙蔽心窍，实在是一种欺人欺己的幼稚行为。"

再一次，柏拉图问苏格拉底什么是生活。苏格拉底仍然就近取材，指着眼前一只正在采花的蜜蜂说："你觉得它懂得什么是生活吗？"

柏拉图不知如何作答，想了好久之后还是摇摇头，说："它根本就没有思想，只是做自己眼下的事情，完全无所谓知不知道什么是生活。"

苏格拉底立即说："是啊，蜜蜂不悔过去，不忧未来，一心一意只把眼前的事情做好，这就是对生命最大的不辜负，这就是对生活最大的不错过。很多人每天因为过去的错事而懊悔不已，又或者因为对未来的迷茫而心神颓靡，却放着眼下的生活视而不见，生活对于他们来说无异于一种负担，如此很难说他们比一只蜜蜂更聪明。人之所以区别于其他动物，是因为我们有思想，但很多人也恰恰被自己的思想所累，郁郁寡欢地度过杞人忧天的一生。"

柏拉图立即心领神会，从此对生活有了更深一层的体会。

还有一次，柏拉图问苏格拉底什么是哲学。由于当时师徒二人身处书房，没有可供使用的实地教材，苏格拉底便讲了一个小故事：

有一个小和尚跟着大和尚去集市采买粮食，过一条小河的时候忽然遇到一位美貌女子。女子不想弄脏鞋袜，便问大和尚可不可以背着她过河去。小和尚听了心里怦怦跳，只想替大和尚回绝了，却万万没想到大和尚满口答应了。到了河对岸，大和尚放下女子便带着小和尚继续赶路。直到女子消失在二人的视野里，小和尚才壮起胆子对大和尚说，师傅教诲男女授受不亲，何况我们又是出家之人，怎能背一名女子过河。大和尚只是淡淡地说了一句：我早已将她放下，你却一直将她放在心尖。

柏拉图听罢，不禁若有所思，久久不能答话。苏格拉底告诉他，这个世界上的事情，你看懂了，便什么都是哲学，倘若你看不懂，便没有什么哲学。倘若你纠结着"哲学"二字不放手，便是对哲学二字最大的不解，你也将永远都化不开自己的心结。所谓"心中若有桃花源，何处不是水云间"，一个人对哲学的研修，不是通过自己的内心去观察世间万物，而是通过世间万物来观照自己的内心，又所谓"不是我度众生，而是众生度我"。

中国有一句俗语，叫作"树不修不成材，玉不琢不成器"。苏格拉底是一通万通的大师级哲学家，而柏拉图即便天资聪慧，却毕竟资历尚浅，于哲学的道路上只是一个苦苦探索的学生，苏格拉底对于他的"雕琢"和"修剪"，也就显得尤其意义非凡了。多年之后，当柏拉图教授自己的学生时，也能够深入浅出、举重若轻，信手拈来的教材就能够让学生心领神会，而彼时的他又何曾忘记苏格拉底此时的教诲。不仅如此，苏格拉底和柏拉图之间发生的精彩故事，自然也焕发着不尽的哲学魅力，更为后世之人尤其是后世哲学家打造了一个取之不尽、用之不竭的智慧源泉。

匪夷所思的巨人之死

苏格拉底出生于伯里克利治下的民主时代，同时也是雅典历史的黄金时代，这让他对民主政治的感受比柏拉图还要深，同时他对于民主制度的追求也更加执着。在伯里克利过世之后，尤其是在伯罗奔尼撒战争结束之后，雅典民主制度开始走向急速衰落。生性耿直的苏格拉底为了维护心目中的理想社会，不惜站到了当权者的对立面，以至于卷入政治旋涡而牺牲了自己的生命。

当然，苏格拉底的死是有价值的，这不仅表现在他对柏拉图脱胎换骨般的改变，也表现在将民主的种子深埋在了所有人的心底。可以说，苏格拉底的死是民主制度的绝响，是对民主制度尊严与荣耀的捍卫，也是对新贵族阶级下的一剂猛药。不可否认，在成功推翻"三十僭主"的统治之后，新的统治阶层也曾想过推行民主制度，但社会现实却不允许他们在短期内有所作为。可惜久而久之，他们享受到了专制统治的方便之处，便开始乐不思蜀，不自觉地开始重复"三十僭主"的老路了，而苏格拉底的慷慨赴死无疑让他们惊出一身冷汗。

在今人的眼中，古希腊已经成为思想和言论自由的象征，似乎在那里连空气都充满了自由的因子。然而，自由从来都不是统治者赋予的权利，而是每一个公民积极参与政治活动并占有一席政治之地的必然结果，雅典人之所以能够充分享受政治自由，正是基于这一基本认知和事实。从根本上来讲，雅典的社会权力是自下而上的，底层民众推举出自己的代表，代表再推举出城邦的管理者，然后再由管理者组成联邦政体，并且以所有城邦代表组成相应的议会机制，从而平衡所有城邦的权益。

新贵族在理论层面无法找到苏格拉底的破绽，但是"欲加之罪何患无辞"，经过一番偷换概念，他们很快为苏格拉底找到了一个"莫须有"的罪名——亵渎神明。对于神明，苏格拉底的态度一直是不置可否，毕竟他的一切理论都是建立在现实政治上，这就导致依靠神明的部分相当之少。但是换一个角度来看，不依靠神明就等于不信任神明，而不信任神明自然也就等于亵渎神明。再加上新贵族手中掌握着国家宣传机器，比起苏格拉底及其弟子的演讲更有力度，因而苏格拉底很快就坐实了亵渎神明的重罪。

可以说，仅此一条罪名便足以对苏格拉底判处死刑，但新贵族还为苏格拉底精心炮制了另外一条罪名——蛊惑群众。雅典社会经过一系列磨难，早已变得民不聊生，而新贵族上台之后仍然无力改变现状，民众的怨恨便逐渐形成一股危险的暗流。如何引导这股暗流成功排解，以苏格拉底为代表的民主政治家们成了理想的挡箭牌，正是由于这些"不切实际"的家伙妖言惑众，才让大家没有好日子过，如此一下就点燃了民众的怒火。

不分青红皂白的民众失去理智，他们急于向苏格拉底倾泻自己的愤怒，以至于苏格拉底连分辨的机会都没有。一个让苏格拉底颇感寒心的残酷现实是，新贵族只是想让苏格拉底知难而退，而经他们煽动起来的民众却想让苏格拉底"以死谢罪"。从相当程度上来讲，这也是导致柏拉图放弃针对统治者进行政治活动，转而将毕生精力投入到改造民众思想上的原因所在，血淋淋的现实让他明白了一个再简单不过的道理，那就是统治者不过是民众政治意志的最终产物。

从目前已知的史料来看，苏格拉底入狱后一直在为自己撰写辩护词，但他坚决不允许学生们将辩护词带出去发表，而只是匪夷所思地要求他们将这些辩护词收藏好。所有学生都对此感到莫名其妙，只有柏拉图心里清楚，苏格拉底之所以为自己撰写辩护词，不过是为了表明不屈的意志。如果这个时候拿出去公开发表，立即就会被愤怒的人群撕个粉碎，根本起不到应有的作用，甚至还可能为发表这些辩论词的学生带来危险。

死刑的消息传到苏格拉底耳朵中，他的神情之平静令人感到震惊，那不是因为苏格拉底有多镇定，而是他早已做好了赴死的准备，或者说是他自己想用死亡的方式捍卫自己的理想和尊严。临近行刑之前，曾经有学生做足准备，想要让苏格拉底逃出监狱，但不出意外地被苏格拉底拒绝了。他的理由很简单：民众只有在我死后才能冷静下来，而民众只有冷静下来之后，才有可能思考什么是真正的民主。

关于苏格拉底的死，在柏拉图的著作中有详尽记载，其中不少细节将苏格拉底临刑前的哲学大师风度表现得淋漓尽致。据记载，柏拉图和一些苏格拉底的忠实信徒，每天都会定时去狱中探望苏格拉底，有一天他们忽然发现苏格拉底的手铐和脚镣都解除了，大家知道苏格拉底行刑的日子到了，不少人便开始号啕大哭。

然而，苏格拉底却依旧谈笑风生，他像平日里给大家上课一样，安排大家纷纷落座在自己身旁，准备给心爱的学生们上完最后一节课。而他这节课的开篇是这样说的："相信在我的诸多课程中，有不少已经被你们忘记了，但是接下来的一节课，你们一定会铭记一生，这对于我来说是多么难得的授课机会……"

苏格拉底当天的授课，是在学生们的啜泣声中结束的，就连一直阻止大家的柏拉图也是泪流满面。但是在苏格拉底脸上，学生们却看不到一丝悲伤，似乎摆在旁边桌上的不是一杯毒酒，而是能够令人流连忘返的美酒。最终，苏格拉底拿起桌上的毒酒，风轻云淡地给大家讲起了关于毒酒的历史，比如毒酒是对被赐死者最体面的关照，毒酒一般都有极高的品质，毒酒可以让人在微醉和微笑中离开人世，直到苏格拉底将手中的毒酒一饮而尽，大家才恍然意识到这不仅仅是一节单纯的课程。

不知是不是执刑者有意为之，苏格拉底饮下毒酒之后并没有立即死去，而且似乎也没有什么痛苦的表情。苏格拉底也觉得自己不会很快死去，于是出乎所有人的意料，柏拉图竟然也表现出了普通人的一面，他让柏拉图把所有学生都带出去，监室内只剩下了他的妻子和孩子。据柏拉图转述苏格拉底妻子的话，苏格拉底是在她怀中闭上双眼的，而他自始至终都是面带笑意，弥留之际还轻声哼起了一支曲子，一支苏格拉底年轻时专门写给妻子的曲子。

苏格拉底的死对于柏拉图来说是一种莫大的无奈，但是对于苏格拉底来说却何尝不是一种解脱。雅典的民主制度被践踏得体无完肤，新贵族想要改变现状的决心和能力不足，民众的民主意识淡薄扭曲，一切都已经糟糕得不能再糟糕，这些苏格拉底不是没有看到。但他也看到伯里克利时代的雅典，那时候的雅典上下一心，那时候的雅典自由平等，那时候的雅典所向无敌，那时候的雅典世人传颂，是上帝的宠儿和人类的骄傲。可是，为什么要让自己看到它的没落呢？难道自己不应该以生命作为其高贵的祭品吗？

一切心头哀怨，对于苏格拉底来说都可以泰然处之，因为他有一个终将把人类引向光明坦途的好学生——柏拉图。在以往的相处过程中，柏拉图找到了自己最好的老师，却不知道他的老师也找到了一个最好的学生。

所谓"古来圣贤皆寂寞",越是思想伟大的圣贤越是会感到人生孤寂,而万能的上帝却派来柏拉图洗去了他的这份孤寂。这让苏格拉底可以尽情追寻理想中的世界,并且在死后把希望全盘托付给柏拉图,而这希望不仅是苏格拉底一个人的希望,同时也是雅典人、希腊人、欧洲人,乃至整个人类的希望。

—— 理想远在故乡之外 ——

柏拉图出身政治世家,不仅有直系亲属(梭伦)曾经领导历史改革,而且亲人当中也不乏参与当下政治者。因此,柏拉图从小耳濡目染,对于政治他不仅有着先天的资源优势,事实上也有着浓厚的个人兴趣。在整个家族当中,柏拉图最喜欢谈及的是六世祖梭伦,这位曾经风起云涌的历史人物经常被柏拉图作为效仿对象。他希望自己能够像当年的梭伦一样,扶大厦于将倾,挽狂澜于既倒,拯救整个国家和民族,最终成为一代伟人。

不过很可惜,柏拉图的家族在他出生时已经走向没落,他的叔叔和舅舅强做历史的弄潮儿,在斯巴达人的扶植下经历"三十僭主"政权,最终却将雅典引上了一条不归路。"三十僭主"的统治不仅毁灭了雅典民主制度的根基,同时也让柏拉图的整个家族背负骂名,尤其是在柏拉图企图通过内部革新改造"三十僭主"政权失败后,实际上家族势力给他带来的作用已经完全滑向负面。

于是,心向光明的柏拉图不得不承认一个残酷现实,即想要通过自己的努力挽救雅典危局已无可能。与大多数关于柏拉图的记载不同,这一时期的柏拉图并没有做出积极应对,而是转而将精力投射到戏剧研究上,这与其说是在文化上改造雅典,不如说是一种绝望后的逃避现实。从小表现出文学天赋的柏拉图,确实在戏剧方面找到了一方精神乐土,甚至创造了一点值得自豪的成就,但只有柏拉图自己知道,他的内心从来没有得到真正的解放。

在命运的安排下，柏拉图和苏格拉底相遇了，并且是在苏格拉底演讲的万人大会上。这是柏拉图第一次看到一个人能够对一群人施加如此大的影响力，这不禁让他恍然明白了一个道理，雅典的危局是可以通过努力去改造的，但一定不是通过内部改革。服役期满后，柏拉图虽然心中仍有一丝茫然，但是在他的内心深处，苏格拉底早已在召唤他。

柏拉图一直追随苏格拉底8年，苏格拉底的光环逐渐在他眼中退去，取而代之的是无限的敬意。苏格拉底生活朴素，除非出席特别重要的场合，平日里总是穿着破旧的衣服，甚至连胡子都很少刮。但柏拉图知道，在苏格拉底的眼中只有哲学，而且他需要为哲学做的事情太多了，所以根本没有时间和精力去关注哲学以外的事情。不得不说，苏格拉底教授给柏拉图的知识只在其次，那么富足的精神生活，以及纯粹的思想境界，才是他最为受用和最为注重的财富。

因为眼中只有哲学，生活中的每一件小事都能在苏格拉底口中引出哲学问题，这实际上是一种善于思考和勤于观察的生活习惯。而在苏格拉底的影响下，柏拉图很快也养成了相同的生活习惯，这就让他很快成长为一颗哲学新星。

"三十僭主"政权被推翻之后，雅典恢复了短暂的民主时期，这让苏格拉底和柏拉图兴奋不已。在他们看来，雅典的民主希望已经点燃，只要经过一些必要的努力，就可以重塑雅典的历史辉煌，于是双双投身到政治活动当中去。但此时民众的民主意识已经大打折扣，替代"三十僭主"的新贵族又有意大权独揽，苏格拉底和柏拉图的民主主张便失去了大的社会环境。

但是为了实现政治理想，苏格拉底还是开始四处奔波演讲，想要凭借一己之力唤醒民众的民主意识。但事实却让他感到越来越乏力，大家似乎已经对民主失去了兴趣，甚至表现出不同程度的反感，因为即便是最残暴的"三十僭主"政权，也曾经打出民主的旗号。为了帮助老师，同时也是为了实现自己的政治理想，柏拉图的演讲甚至比苏格拉底更加卖命，可他感觉到的阻力似乎也更大，而且这阻力不仅来自民众的排斥，更来自新贵族统治者的威胁。

公元前399年，新政府为了消除自己的统治隐患，忽然将苏格拉底逮捕入狱，并且以"不敬神明"和"迷惑群众"两项罪名将其判为死刑。消息传来，柏拉图立即前往雅典营救自己的老师，但是他很快发现新政府是有备而来，以至于他不仅无法营救苏格拉底，而且自己也已经身处险境。当然，柏拉图并没有抽身事外，在苏格拉底生命的最后时光，他每天都会到狱中探望，并且细致地记录了苏格拉底的言行。

最终，尽管柏拉图的心中有万般不舍，还是无奈地看着老师走上了刑场。不得不说，苏格拉底的含冤离世，对柏拉图的精神状态形成了沉重打击，而且这种打击不仅包括对一位可敬长者逝去的悲伤，也包括对真正的民主政治一去不回的失望。当然，柏拉图也仅仅是对民主政治失望，而远远没有达到绝望的地步，因为在他此后的一生中，从来没有停止过对民主政治的追寻，似乎苏格拉底的生命在他身上得到了延续。

事实上，苏格拉底完全有机会避免死刑。最初，当苏格拉底感觉到来自新统治者的威胁时，就曾经对柏拉图说过一些视死如归的话。在逮捕他的消息传来之前，苏格拉底已经得到了消息，但他不但没有选择逃走，而且加紧对民众进行演讲。即便到了被捕入狱，新统治者为了标榜自己的"民主"，还曾试图说服苏格拉底改变立场，可惜还是被他严词拒绝了。因为他要用自己的生命去维护民主的尊严，并且唤醒民众的民主意识，同时也是用自己的牺牲为柏拉图上完最后一课。

在柏拉图的著作当中可以看到，直到很久以后他也无法接受苏格拉底离世的事实。大量与苏格拉底共处时光的回忆，表面看是一个悲痛欲绝的学生对老师的缅怀，实际上却是柏拉图对自己的激励。苏格拉底激情澎湃的演讲，相伴游学时的奇闻趣事，随时随地信手拈来的教学方法，以及独一无二的哲学思想，都已经深深烙印在了柏拉图的心里。尤其是苏格拉底将毒酒一饮而尽的平静表情，让柏拉图明白有些东西的珍贵程度远在生命之上，而拥有了如此境界的柏拉图也由此变得无所畏惧。

料理完苏格拉底的后事之后，柏拉图忽然生出一个想法，那就是到雅典以外的世界去看看，因为这里留下了太多关于他和苏格拉底的回忆。当然，从某种程度上讲，柏拉图这个时候离开雅典，也是出于统治者的压力，毕竟以苏格拉底的影响力都已经惨遭毒手，如果他一意孤行恐怕不会有什么好结果。所谓"留得青山在不怕没柴烧"，柏拉图要延续民主政治的火种，这个时候无论如何也不能和统治者死拼，想办法培养更多的哲学人才，去播散更多的民主种子，才是自己应该去做的事情。

同一时期，柏拉图的哲学思想发生重大转变——他开始反对民主政治，并且对新统治者表现出温和的态度。在自己的著作中，柏拉图提出新的政治观点：一个人应该做和他身份相符的事，比如农民应该种田，手工业者应该做工，商人应该做生意。道理很简单，人们想要吃饭会去找厨师，人们想要治病会去找医生，治理国家更不能随便交给什么人。换言之，国家应该交给一群专业的人来管理，而这群专业的人自然是指新贵族。

柏拉图的哲学思想何以转变得如此之大，最直接的原因便是苏格拉底死后，社会现实让他不得不痛定思痛，一切从眼前的基本事实出发。重新审视雅典的民主历程，柏拉图发现民主时代的出现并不是在一朝一夕之间，而是经过了几个必要的发展阶段。而雅典在经历伯罗奔尼撒战争之后，实际上已经回到了最为无序的时代，这个时候想让民主政治一蹴而就根本不可能。

既然如此，何不高屋建瓴，重新谋划雅典的民主进程，暂时对新贵族虚与委蛇，以达到麻痹对方的效果。而既然要麻痹对方，干脆就采用最彻底的方式，那就是到雅典以外的地方去培植民主。就这样，在一代哲学大师苏格拉底离世后，在新贵族的严阵以待下，柏拉图悄然离开自己生活了28年之久的祖国，开始了长达12年的游学生涯。从后来发生的事情不难看出，柏拉图的做法收到了预期的效果，新贵族的绞杀行动消解于无形，民主的种子得以在他手中延续，并最终以星火燎原之势燃遍欧洲大地，而这也许正是他比自己的老师苏格拉底高明的地方。

第三章
游历四方：十二年游学的风风雨雨

　　游学生活对于柏拉图而言是被动的，但是在真正踏上游学之路后，柏拉图才意识到此行对自己哲学事业的助益。于是，柏拉图的旅程开始无限变长，足迹所至之处也开始变得越来越多，而这也让柏拉图的眼界越来越宽阔。当然，在长达十二年的游学经历中，柏拉图还结识了诸多哲学大家，并且在他们的帮助下使自己的哲学修为大为精进。

—— 前往麦加拉，结识欧几里德 ——

　　苏格拉底离世后，柏拉图的哲学思想开始转向温和，这让他得以重新审视自己的哲学地位，并且最终得到了客观的自我评价，至少开始接纳一些和自己观点不同的哲学家。在这种情况下，柏拉图很快结识了一位重量级的哲学家——克拉底鲁（Cratylus），这不仅让他开始融入整个哲学界，同时也让他自己的哲学修为有了很大精进。

　　克拉底鲁是赫拉克利特的学生，诡辩派哲学的代表人物，同时也是和苏格拉底同时代的哲学大师之一。克拉底鲁的老师赫拉克利特提出了一个著名的哲学观点——一切事物都处在变化之中，这一观点在当时已经具有相当高度，以至于赫拉克利特的学生无不顶礼膜拜。但克拉底鲁却更进一步，提出一切事物都处在变化之中，即是对一切事物的否定，并且同时也包括这句话本身，从而拥有了比老师更加高远的哲学地位。

以否定老师的观点为基础，克拉底鲁又提出了一个自己的哲学观点，即世上并没有真理可言，所有的一切知识都只是在有限认知内才能适用。这样看来，哲学研究似乎被克拉底鲁带入了一个死胡同，任何企图寻根究底的行为都变成了钻牛角尖。如果事情到此为止，克拉底鲁的哲学地位也就不会有后来的高度了，之所以他能够和苏格拉底相提并论，是因为他还提出了一个后来闻名于世的哲学理论——相对论，即任何事物都是在一定条件下，才能进行对与错的论证。

除此之外，克拉底鲁对哲学界还有一个重要贡献，那就是"诡辩"。所谓诡辩，并不是挖空心思去狡辩，而是主张哲学家之间应该相互交流，只有这样才能相互学习和提高。对于克拉底鲁的这一观点柏拉图体会甚深，此前他一直认为哲学观点非黑即白，所谓"非我族类其心必异"，因而柏拉图总是和很多哲学家水火不容。但是在经过老师苏格拉底去世事件的沉淀后，柏拉图发现很多哲学家都有自己独特的思考，尽管很多思考不免显得有些浅显，却为柏拉图提供了很多思路，后来他提出的重要理论——超感性主义，就是受到克拉底鲁哲学观点的启发而来。

柏拉图在同一时期还结识了另外一位重要的哲学家，他就是巴门尼德哲学流派的代表人物赫谟根尼（Hermogenes）。赫谟根尼有一个重要的哲学观点，即"没有任何名称是自然给予任何事物的，所有的名称都是约定和使用者的习惯"。这一哲学观点涉及了更深层次的哲学论题——个人认知与社会公知如何建立联系，或者说人与人之间如何建立有效的沟通。

举例来讲，同样是一个苹果，外国人的叫法和我们肯定不同。即便同样是苹果二字，某个人听到之后想到的是水果，另外一个人听到之后可能想到的就是电脑或者手机。因此，当一个人对另外一个人说"请给我一个苹果"的时候，需要二人首先建立诸多沟通渠道，从而形成足够的事物认知，否则一定会在沟通过程中遇到障碍。一个简单的苹果尚且如此，对于诸多复杂的哲学问题来说，其沟通渠道的建立就更加重要了，而建立沟通渠道首先要做的就是统一认知，或者通俗地认为是对一样事物的称呼。

事实上，建立统一认知对于人类意义重大，历史上发生过的很多战争，并不是因为彼此的利益存在绝对矛盾，而只不过是意识形态出现了不可弥合的缝隙。就以雅典和斯巴达人之间的伯罗奔尼撒战争来说，雅典人创造的民主自然光芒万丈，但斯巴达人的社会内部构成也不可谓不民主，只不过斯巴达人和雅典对民主有各自的理解，同时想要将自己所认定的民主强加给对方。因此，赫谟根尼的哲学思想便形成一个核心所在，即必须建立一个统一的公众认知标准，而这个标准最大的特点就是永恒不变。

显然，克拉底鲁和赫谟根尼的哲学观点完全相左了，事实上他们之间的辩论也从来没有停止过，为此苏格拉底还时常充当二人的调停者。而这一简单的"调停者"身份，其实非常值得寻味，即苏格拉底在调停过程中显然也会保持自己的哲学观点，而既然他能够调停克拉底鲁和赫谟根尼之间的哲学观点，就证明他的哲学观点是中庸的，甚至是比二人高深的。

然而，克拉底鲁和赫谟根尼的辩论看似复杂难解，就连苏格拉底也仅仅能够对二人进行调停。但是在同时代位于世界东方华夏大地上，却有一个人将困扰他们的哲学问题讲得很清楚了，而且他只用了几个字——名可名，非常名，不用说这个人就是老子。"名可名"，是对赫谟根尼哲学观点的肯定和阐述，而"非常名"则是对克拉底鲁哲学观点的肯定和阐述。两个打得不可开交的人的哲学观点，何以在老子口中轻而易举的融合，其中的奥妙全在局部和整体之间。

如果以国家为例，可以更好地解释这个命题。即每个国家都会形成自己的文化习俗，而这些文化习俗就是这个民族的归属感和存在感，因而多半会在其他国家不同文化习俗的冲击下变成禁忌。于是，各个国家都会形成自己的文化习俗，同时每个国家也都会形成自己的民族禁忌，实际上就是一个国家的认知（名可名），到了其他国家（或者说世界上）就成了不同的认知（非常名）。

如此一来，新的问题便出现了。作为一位统治者，或者作为替统治者思考的哲学家，是允许所有国家故步自封，还是强行让所有国家融合在一起呢？真正的答案在两者之间，即允许小范围的固有认知存在，同时也必须建立足够的公共认知，并且保持足够的交流，如此才能让小到一个家庭，大到整个世界和睦相处。实际上，老子对于治国安邦也提出了一个具体可行的办法——小国寡民，并且做辅助说明曰："鸡犬相闻，老死不相往来"，而他这样说绝不是让人们杜绝彼此间的交往，而是尊重彼此之间的风俗习惯。

柏拉图和一众哲学家的交往，让他逐渐得到了哲学界的接纳，这也让他的名字开始向更大范围传播，一位同时代的大师由此注意到了他，这个人就是古希腊著名数学大师——欧几里德（Eucleides）。欧几里德被称为"几何之父"，其著作《几何原本》是整个欧洲数学研究的基础，其中提出五大公设更是被誉为历史上最成功的教科书。不过，除了这些耀眼的成就和头衔，欧几里德还有一个更加让自己感到骄傲的身份，那就是他也曾经是苏格拉底的学生，也就是说他是柏拉图名义上的师兄。

欧几里德追随苏格拉底的具体时间不详，但大体可以确定在公元前432年。因为根据史料记载，欧几里德曾经在麦加拉和雅典对峙期间，冒险潜入雅典向苏格拉底求教，甚至不惜为此男扮女装，而麦加拉和雅典对峙期间就在公元前432年。欧几里德是麦加拉人，而麦加拉无论在政治上还是在学术上，都有自己独立的流派，欧几里德在麦加拉和雅典对峙期间偷偷去做苏格拉底的学生，足以说明苏格拉底的艺术成就之高和政治名声之大。

当然，对于哲学家来说，政治和学术上的流派分歧并不重要，如何才能尽可能地接近真理才是他们考虑的事情。如果说欧几里德只是向苏格拉底求教了一次，那么还可以说他是被苏格拉底的名声所吸引，而既然他前往求教了不止一次，也就说明欧几里德在学术上已经被苏格拉底深深折服。也正因为如此，欧几里德在学成回到麦加拉后，结合当地一些学派的代表观点，很快创立了自己的学派，从此在学术领域占据一席之地。

听说自己的老师被雅典当局处以极刑，欧几里德自然是悲痛不已，可惜苏格拉底一心求死，不是能够为人所救的，更何况欧几里德得到消息的时候苏格拉底已经离世。正在无处排解悲痛之时，忽然听闻自己有一个声名鹊起的师弟——柏拉图，身在麦加拉的欧几里德早已按捺不住激动的心情，通过各种渠道邀请柏拉图前往麦加拉。柏拉图有心游历四方，结交天下英才，无论对于自己的眼界还是学术，都有很大帮助，于是离开雅典后的第一站，就选择了麦加拉。

麦加拉是一座海滨城市，这里不仅有着高度的商业文明，而且气候宜人，风景如画，聚集着大批当时欧洲顶尖的哲学家。柏拉图来到这里之后，受到了欧几里德的热情接待，而且他的接待绝不仅限于生活方面，还包括强大的学术方面。当时，欧几里德已经在麦加拉建立起极大的威望，整个麦加拉学派几乎都是以他为中心运转，这就让柏拉图得以接触到麦加拉的所有哲学大师。

最初，大家还只是为了顾及欧几里德的面子，才出现在柏拉图发起的聚会上。但是很快这些人就发现，这位后起之秀的哲学造诣居然不在他们之下，要知道这些人谈起苏格拉底也没有过多敬畏的神色。欧几里德也很吃惊，他没想到柏拉图小小年纪能有如此学术见地，同时也明白了为什么老师苏格拉底会将衣钵传给他。按照欧几里德的想法，柏拉图是在雅典失去立足之地前来投奔自己，为此他也为柏拉图做了很多安排，但很快他就发现柏拉图没有过多停留的意思，因为在与各位哲学家交流的时候，他已经在为自己积极寻找下一个游历目的地。

—— 游学居勒尼，提升天文和数学 ——

谢绝欧几里德挽留自己的好意，柏拉图随即重新登上游学旅途。这一次，他将目光投向了位于北非的居勒尼，那里也将有一位哲学大师欢迎他的到来，他就是阿里斯底波（Aristippus）。苏格拉底作为一代大师，膝下弟子自然数不胜数，但是除了柏拉图和欧几里德，留下名字的人似乎并不多，而这位阿里斯底波就是其中之一。

阿里斯底波生于居勒尼，早年从学于当地学派，取得了一定的学术成就。大约在公元前416年，阿里斯底波听闻了苏格拉底的学说，立即被其高深的见解所折服，遂前往雅典拜苏格拉底为师。求学期间，阿里斯底波和柏拉图不仅一同研究课业，而且还曾在宫廷中一起共事，因而建立了非常密切的关系。后来，阿里斯底波学成回乡，二人之间还保持着书信来往，柏拉图决定游历各国之后，阿里斯底波也在第一时间提出了邀请。

不过，由于麦加拉距离雅典比居勒尼近，柏拉图还是把游历的第一站选在了麦加拉，这也是柏拉图要匆匆离开麦加拉的原因所在。当柏拉图和阿里斯底波再次相见的时候，二人都已褪去了学生的青涩，各自在哲学领域建立了自己的影响力。阿里斯底波早年曾经提出"感觉主义"，主张从主观方面出发建立对万事万物的认知，后来他将"感觉主义"和苏格拉底的"快乐主义"相结合，创立了使之功成名就的"享乐主义"学说，并最终成为居勒尼最具声望的哲学大师。

阿里斯底波认为，快乐是衡量一切生命价值的尺度，如果一个人是不快乐的，那么他所做的一切都是没有意义的，同时他也不可能为别人带去快乐。当然，阿里斯底波所说的追求快乐并非毫无节制，而是应该以理性保持自己的理智，对此他提出的一个著名的观点——人要能够主宰快乐，而不能被快乐所主宰。换句话说，生命的意义就在于有原则、讲方法地去追寻快乐，同时尽可能地为别人带去快乐，并且把为别人带去快乐当成最高快乐。

据说，居勒尼有一位风华倾城的歌女，因为能够弹奏一众古老的乐器而声名远播。当地的文人骚客和富家子弟，少有不为之神魂颠倒者，以至于与之共度春宵的价格一路上升到万金之多。一次，阿里斯底波与朋友谈到这位歌女，见一众朋友无不心向往之，便不无得意地说自己可以邀佳人前来演奏。众人无不惊奇，大多认为阿里斯底波在说大话，甚至有人立下赌约说歌女一定不会上门。

阿里斯底波不置可否，叫来仆人耳语如此如此，便让他去请歌女了。让所有人目瞪口呆的是，歌女居然真的随仆人登门，并且主动为在座客人献上一曲。天籁落定，阿里斯底波从仆人手中拿过一张羊皮纸，起身送到歌女手中，后者更是喜形于色，直言阿里斯底波有时间可以随时去听曲。原来，一众豪绅只知道送金送银，却不知道歌女早已财富如山，只有阿里斯底波知道她更希望能够得到一曲古谱，这就是他对歌女呼之即来的奥秘。

柏拉图在来的路上听闻这些奇闻逸事，二人见面后免不了把酒言欢，提到恩师苏格拉底又双双伤神嗟叹，但最终还是回到了哲学问题的探讨上。阿里斯底波提出，研习哲学是为了提升智慧，而提升智慧是为了获取快乐，因而哲学最终是要为快乐服务的。柏拉图知道阿里斯底波已经在各种辩论中练得水火不侵，不管自己从哪个角度去辩驳，肯定会被阿里斯底波有力地驳回。于是，他只是轻轻地问了一句——师兄，你快乐吗？

原本已经准备好大辩特辩的阿里斯底波一下愣住了神，少顷居然垂下泪来，他猜到了柏拉图能运用的一切辩论技巧和知识，却万万没有想到他会出此一问。不能想象，痛苦和快乐永远都是相对而言的，如果一个人获得了固定的快乐，那么他就只能去追寻高更层面的快乐，唯有如此才能感受到快乐。因此，任何纯粹为了快乐而进行的快乐，都将是虚妄和徒劳的，这就导致一个必然的结果——越快乐越痛苦，或者至少也是越快乐越孤寂。

事实上，即便依据阿里斯底波的快乐主义理论，也完全能够解释柏拉图所提问题的奥妙所在。即如果把那些登门和阿里斯底波辩论的人，比作揣着金银争抢歌女为自己演奏古曲的豪绅，那么柏拉图的问题又何尝不是在为歌女送古谱。中国有句古话，叫作"文无第一，武无第二"，说的是文学观点各有不同，不存在高低上下之分。实际上，这只是文人的谦虚特性所致，文学观点或者说文学修为的高低，对于明眼人来说还是高下立判的。哲学造诣同样如此，经过一番深入的交谈而不是激烈的辩论，至少在此时的阿里斯底波心中，对于一些问题已经有所认识了。

尽管如此，阿里斯底波还是将苏格拉底的"快乐主义"进行了很好的发扬光大，他也因此得到了"小苏格拉底"的美誉。与此同时，阿里斯底波的学说也确实影响了一批人，让他们能够在世事浮沉中找到精神慰藉和心灵归宿，从而幸福美满地度过一生。何况，阿里斯底波的"享乐主义"是劝人向善的，是讲求原则、技巧和理智的，所以对于哲学界甚至整个人类也都是有意义、有价值的。

只是很可惜，阿里斯底波的学说对于柏拉图已经没有任何价值了，他想要继续提高自己的哲学修为，继续走下去是必然要做的事情。不过，柏拉图并没有急着离开居勒尼，因为作为北非地区的哲学和数学文化中心，这里还活跃着大批重量级学者，他们当中依然有柏拉图值得请教的人物。据记载，柏拉图在这一时期还结交了大批学界泰斗，如小阿里斯底波、赫格西亚、安尼克里，以及数学家塞奥多罗等人，这让他在数学、经济、天文和哲学方面都获益良多。

当然，对于柏拉图的此次居勒尼之旅，受益最多的却并非他本人，而是每个与之接触的各界大师。比如数学家塞奥多罗，一向被阿里斯底波认为是无用之人，因为数学之于哲学就是无用之物，而只有哲学才能拯救世人，才是真正的经天纬地之学。让他没想到的是，柏拉图作为阿里斯底波的客人居然会主动拜访，开始塞奥多罗还只是对柏拉图虚与委蛇，后来愕然发现他的数学造诣居然并不在自己之下，而且是自己赖以成名的几何学，交谈之下才知道柏拉图和数学大师欧几里德的关系，以及他在麦加拉的游学经历。

至于此后阿里斯底波，他的"享乐主义"开始走向温和方向，这也让他的生活方式走向了淡泊和宁静。当然，阿里斯底波并没有放弃对快乐的追寻，而是改为在淡泊和宁静中寻找快乐，以达到一种优雅的、高尚的圣贤境界。阿里斯底波曾对自己的学生提起，他只是想过一种悠然恬淡的生活，他不想再去影响别人，同时也绝不愿意被人影响，而是只追求自我的安逸和自由，并最终达到了一种"不动心"的至高哲学境界。

—— 大开眼界的埃及之行 ——

埃及是世界四大文明古国之一，拥有着灿烂悠久的历史文化，对于古希腊文明也存在着一定的影响。因此，柏拉图很小的时候就听闻过埃及的名字，只可惜由于距离遥远和烦务缠身，柏拉图在此次游学之前并没有到过埃及。此次既然决定游历天下，埃及与居勒尼又近在咫尺之间，早已心向往之的柏拉图自然不能不去。

大约在公元前3100年，埃及成为统一的奴隶制王国，同时也成为世界上最早形成的大一统王国。在此后的2000多年里，埃及经历了31个王朝的轮番更迭，综合实力开始逐渐走向衰落。从公元前11世纪开始，埃及先后遭到亚述人、巴比伦人、波斯人和马其顿人的入侵，最终被罗马帝国彻底击败。公元4世纪，埃及并入东罗马帝国，古埃及文明宣告灭亡。再到公元7世纪中期，一路发展至今。

柏拉图来到埃及的时候，虽然埃及已经开始衰落，并且先后遭受了几次大的入侵，但是古埃及文明的繁华尚在，而数千年积累的古代文明也确实让柏拉图开了眼界。同时，这也让柏拉图认清了一个基本事实，即无论多么强大的王国，最终都难免走向衰落和灭亡。古希腊的民主联邦政权如此，强大得多的古埃及王国同样如此，这对于柏拉图的哲学境界无疑又提高了一个层次。

在此之前，柏拉图始终相信古希腊的衰落是一众奸人所致，只要把这些奸人赶出雅典，就可以重塑昔日的辉煌。但直到此时他才明白，历史的发展是有其固定规律的，一个国家的兴盛没有人能够阻挡，同样当一个国家走向衰落的时候，也没有人能够挽救他。或者说任何人为的挽救，都只能有限延续其衰落的步伐，就像用各种药物和仪器维持一个病入膏肓的病人的生命。可以说，从开始维持的那一刻起，病人的生命就已经进入了倒计时，医术再高明的医生也不能无限期延续病人的生命。

认清了这一点，柏拉图对于过往的一切也就更加释然了，而这也让他能够彻底静下心来去思考一些更加深奥的哲学问题。比如一个国家为什么会走向灭亡，原因大抵是因为社会资源分配的严重不均，导致越来越多的人丧失权利，直到他们连卑微地生存下去的权利都被剥夺。在这种情况下，如果遭遇大规模的外族入侵，上下离心的国家几乎顷刻间就会灭亡。这看似是一个时代的终结，实际上更是一个时代的开始，社会在经过大的动乱之后会重新归于权力均衡态势，直到这种均衡的态势再次被打破。

柏拉图通过对埃及的走访发现，入侵的外族势力虽然很强大，但是，如果埃及能够举全国之力进行抵挡，完全可以轻而易举地取得胜利。但事实是所有埃及人都懂得这个道理，却没有一个埃及人能够为此付诸行动，因为他们的全部精力都用在钩心斗角上，每个人都在担心自己被外族削弱后遭到内部敌人的消灭。于是，所有人都在躲避外族的入侵，所有人都在独自抵抗外族，所有人都在见死不救，于是整个埃及的势力被一口口地吃掉。

历史重演竟如此相似，连诸多细节都如出一辙，以至于柏拉图一时间竟有些恍惚，以为眼前的埃及就是当年的雅典。因此，当埃及的很多哲学大师希望柏拉图留下来，甚至把他当成救世主般对待，柏拉图只是选择缄默不语。在他看来，世间的一切冥冥中自有安排，世人顺之则无忧无虑，逆之只能是徒劳无功和自寻烦恼。可以说，此时的柏拉图已经趋向于中庸之道，什么事情不能做，什么事情能做，能做的事情可以做到什么程度，他都会在做事之前想得一清二楚。

很显然，留下来帮助埃及哲学界振兴埃及绝非明智之举，柏拉图即便胸中有建功立业之心，也会回到雅典大展拳脚，何况此时的他早已将心思倾注到了学术上。柏拉图之所以没有急着离开埃及，是因为这里的文化令柏拉图应接不暇，包括他的故乡雅典在内，柏拉图还从未见过如此大师云集的国度，以及如此灿若星河的文化。当然，尽管埃及的国运已经开始走下坡路，并且受到诸多强大外族的侵犯，但是完好的社会和文化体系并没有遭到破坏，这才让柏拉图有机会看到一个大国的政治框架。

尤其让柏拉图感到意外的是，埃及的文化教育居然都掌握在僧侣手中。不过，柏拉图所见的僧人并非信奉处世哲学，他们一边苦苦修行，一边又建立了森严的社会等级，对人们的生活做出了诸多规范。正因为如此，埃及社会得以高效运转，民众各司其职，各尽其责，表现出了顽强的生命力。此前，柏拉图只关注到埃及已经开始走向衰落，却没有意识到这个古老的王国已经支撑了2000余年，并且对于外族入侵表现出了极大的"免疫力"，以至于很多看似强大的外族侵入后都成了埃及国民。

更加让柏拉图感到意外的是，埃及社会还积淀了大量科学成就，尤其在天文学和数学方面建树颇丰。柏拉图自认为在天文学和数学方面造诣不低，而且以往游历各地也确实得到了诸多大师的认可，但是柏拉图在埃及见到的每位业内学者，似乎学术之见地都不在他之下。这就让早已放弃名利之争的柏拉图立即变得如饥似渴来，他每天奔波在埃及的各个文化聚会之间，认识越来越多的大师的同时，也让自己的学术修为有了更进一步的提高。

很快，柏拉图来到了埃及的活动中心——赫里奥波利，而直到此时他才终于见到了埃及各领域的顶尖学者，这也让柏拉图立即感觉到了自己的卑微，忍不住发出了"天外有天人外有人"的感慨。一位恃才自傲的埃及青年僧侣曾在公开场合对柏拉图说：希腊人的思想和埃及人比起来，简直就像是心智不成熟的孩子遇到了历经沧桑的智慧老人。虽然心中有诸多不忿，但是柏拉图还是不得不承认，当时的希腊文明作为后起之秀，确实和埃及文明存在着巨大的差距。

一个新兴的国家往往拥有某个方面的强项，一个大国的崛起必定是因为综合实力有了突飞猛进的发展，但是某个具体领域的实力又往往不能在世界上冒尖。而对于一个历史悠久的大国来说，则往往意味着它的各个领域都具有世界领先的地位，这就是柏拉图在游历埃及时的心得体会。比如柏拉图从来未曾想到，埃及在拥有灿烂政治文化的同时，在音乐和美术方面也孕育了大批的顶尖人才，柏拉图在音乐和美术方面的造诣不高，这也让埃及的音乐和美术大师给了他更大的震撼。

尽管如此，埃及的整体文化还是给柏拉图留下温和的印象，这同样是一个大国文化发展的必然趋势和结果。从柏拉图的著作中可以看出，他在赫里奥波利居住了很长一段时间，并且结交了很多当地的僧侣，同时也从他们那里汲取了大量的知识。客观来讲，古埃及和古希腊的文明各有所长，并不存在高低上下之分。但是同样的客观事实是，柏拉图虽然得到了苏格拉底的真传，却在整个希腊范围内名望平平。而他之所以在回国之后立即被众人奉为一代宗师，一个很重要的原因就在于他的埃及之旅，以及对埃及文化的大量汲取。

—— 求学南意大利，结交阿启泰 ——

在沿着地中海走了一圈之后，柏拉图终于回到了希腊，不过他并没有急着回雅典，而是首先从亚平宁半岛南部登陆，前往意大利南部中心城市塔壬同继续游学。在这里，柏拉图与当地学者一接触，便表现出了哲学大家风范，这就让他很快被人引见，结识了当地民主派领袖同时也是毕达哥拉斯学派代表人物阿启泰（Archytas）。

阿启泰在天文学和数学方面造诣高超，早年柏拉图就曾听闻过他的名声，而阿启泰对于柏拉图也有所耳闻。阿启泰认为，人类的纷争归根究底是文化纷争，因而可以通过统一学术研究的方法弥合人类矛盾，最终达到世界和平的目的。为此，阿启泰创立了"数论说"，目的是为了把天下学科全部聚集在一起，然后分门别类、登记造册，这样既能为所有学科建立统一的交流平台，又能让所有学科拥有自己的一席之地，从而确保此事的可行性。

为了实现自己的学说，阿启泰主张不仅要对政治家进行哲学化改造，还要对哲学家进行政治化改造。按照阿启泰的观察，长期以来政权的统治失利，大部分是因为他们不能采用优秀哲学家的正确建议。而导致这一现象并不能完全责怪政治家，哲学家的自以为是和闭门造车也是一种普遍现象，因而也要负上相应责任。因此，加强哲学家和政治家之间的沟通，或者干脆让哲学家去做政治家的事情，最终建立一个由哲学家群体组成的统治阶层，就显得迫切而必要了。

这种将哲学和政治联系在一起的学说，对于柏拉图来说无疑是一个新的启发。他在后来的著作中曾对此学说大论特论，并提出了一系列的建设性想法，显然与他此次的塔壬同之旅密不可分。事实上，柏拉图理想中的治国者或者说统治者，就是要具有哲学大师的修为和风采，也唯有如此才能建立起一个王道乐土，因为真正的理想国度只存在于哲学家脑海中，当然也只有他们才能实现。

值得一提的是，阿启泰还是一位物理学家，并且和我国的墨子同时期提出"静力学"相关理论。在该学说中，阿启泰分别提到了力、杠杆、重心和浮力等名词，不仅直接奠定了亚里士多德的物理学说基础，对后世物理研究也作出了重要贡献。柏拉图虽然对物理知识了解有限，但他还是敏感地意识到物理学在治国当中的重要性，显然他能够节约很大的民力，帮助一个国家打造自身的强大实力。而且这种实力不仅包括高效的社会生产力，还将直接表现在军事和战场上，为此柏拉图在自己的著作中对物理学给予了充分论述。

更加不可思议的是，阿启泰已经开始和他的学生动手运用机械力，并且在公元前350年制造出了一个自走式蒸汽动力木鸽。这个东西在当时的大多数人看来，不过是一个简陋的玩具，但是其名字中的"蒸汽动力"四字，已经隐现出欧洲工业革命的火光，毕竟以"瓦特"命名的蒸汽机引领了这场人类历史上规模空前的社会运动，而"瓦特蒸汽机"与此时阿启泰手中"蒸汽鸽"在运动原理上是完全相同的。

由此可以看出，阿启泰的哲学研究绝不仅限于理论层面，如何在实践中得到充分运用对于他来说才是最大的课题。也正因为如此，阿启泰在古希腊历史上不仅是一位著名的哲学家,同时也是一位著名的政治家和军事家。在阿启泰及其学派的带领下,塔壬同进行了比较温和的整体改革,使整个社会从奴隶制顺利过渡到民主制。原本的统治阶层被推翻,但仍然享有一定的社会权利,人民获得了应有的权利,也没有付出流血牺牲的代价,这些很大程度上都要归功于他们的领袖阿启泰。

当然,任何一个新生政权,都难免会遭遇外界压力的排挤。眼见阿启泰以平和手腕完成了塔壬同改革,盘踞在塔壬同四周的强邻都想一探虚实,甚至妄想在这个看似软弱的政权手中抢夺一份利益。结果,塔壬同一边派出外交使臣远交近攻,让一众强邻彼此之间相互猜忌,而不能将力量集中在一起,一边加强训练本国军队,调用全国资源充实国防力量,对于那些敢于冒尖的来犯之敌予以迎头痛击,很快一众强邻的"非分之想"就烟消云散了。

如此一来,阿启泰不仅得到了整个统治集团的信任,同时也得到了几乎全体国民的敬仰,这让他一跃成为塔壬同人的精神领袖。人民有信仰,民族就有生气,完成了内部改革和外部防御的塔壬同,在阿启泰的带领下迅速走向繁荣强大,顺利跻身强邦大邦之列。而塔壬同的迅速发展壮大,也充分说明了哲学家治国的可行性,柏拉图对此更是大书特书,让阿启泰的美名传播了整个希腊,同时也让广大民众对哲学家群体有了重新的认识和更大的信心。

可以说,阿启泰达到的哲学和政治成就,是柏拉图心中的理想化身。为此,柏拉图对阿启泰表现出极大的尊重,而阿启泰对于柏拉图的很多哲学理论也深表赞同,二人由此一见如故,结下了深厚的友谊。后来,柏拉图在自己的著作中提出了"哲学王"的概念,就是为了提醒自己和后世哲学家,研究哲学不能仅限于理论层面,结合实践进行应用才能让研究成果产生应有价值,也唯有如此哲学家才能成为"哲学王",即以哲学王天下,从而达到一个哲学家的最高境界。

在阿启泰的引见之下,柏拉图在塔壬同时期还结识了另外一些毕达哥拉斯学派的重量级人物,他们分别是菲洛劳斯(Philolaus)和欧律图斯(Eurytus)。通过了解此二人的学术成果,柏拉图很快认识到了毕达哥拉斯学派在数理研究方面的强大实力,他们不仅将数理研究应用到了大量实践活动中,产生了应有的社会价值,而且居然将数理研究和哲学研究融合到一起,并且通过全新的观点得到了全新的成果。柏拉图对此深以为然,以至于他在后来不断加强对数理和数学的研究,并据此使得自己的哲学研究更为精进。

除此之外,柏拉图的此次塔壬同之旅,还有一个颇为深刻的感触,那就是阿启泰之所以能够取得如此辉煌的成就,是因为背后有着强大的团队支持。菲洛劳斯和欧律图斯的见识并不在柏拉图之下,但是他们在整个毕达哥拉斯学派中却并不突出,只不过是比较热衷于人际交往而已,可想而知阿启泰的团队还有多少饱学之士。柏拉图最终将全部精力倾注到开坛授课上,着力打造以自己为代表的哲学流派,虽然是早已有之的想法,但是直到目睹了阿启泰建立的哲学王国才最终下定了决心。

—— 被贩卖为奴的西西里之行 ——

西西里岛是地中海最大的岛屿，同时也是人口最多和最密集的岛屿。人口密集的地方往往意味着社会文明程度较高，西西里岛正是这样一座美丽而富饶的岛屿，柏拉图游学旅途的最后一站就选择了这里。从公元前8世纪开始，希腊军队几次对西西里岛进行远征，最终在公元前6世纪将西西里岛征服，后者遂以殖民地身份加入到了古希腊王国。

柏拉图抵达西西里岛的时候，已经到了不惑之年，这就意味着他离开雅典已经过去10年之久，但是他却似乎并不着急回去，原因是西西里岛正在遭受战乱之苦。与西西里隔海相望的北非城市迦太基见西西里政权软弱，屡次派兵登岛突袭，好在西西里岛有足够的战略纵深，再加上希腊方面的支持，迦太基人并没有达成所愿。只可惜迦太基人对西西里岛势在必得，几次失败而归后都曾卷土重来，双方最终陷入了旷日持久的拉锯战。

事实上，柏拉图抵达西西里岛的时候，迦太基人已经占领了西西里岛大部分领土。同时，在迪奥尼修一世（Dionysius I）的带领下，迦太基人还占领了南意大利的部分领地，切断了西西里岛的陆上支援通道，这样一来，西西里岛被迦太基人征服就只剩下时间问题。但柏拉图显然并不这样认为，他为自己的西西里岛之旅设定了两个方案，一是通过迪奥尼修一世麾下的谋士引荐，面见迪奥尼修一世并劝他放弃僭主政治，同时言明僭主政治的诸多弊端。如果迪奥尼修一世不听谏言，柏拉图就会加入西西里人的战斗行列，使自己的军旅生涯派上实际用场。

然而，柏拉图低估了迪奥尼修一世的残暴程度，以至于在他将迪奥尼修一世的统治定性为僭主政体后，立即惹怒了这位以残酷暴虐著称的独裁者。好在引荐柏拉图的迪翁（Dion）舍生相救，迪奥尼修一世虽然残暴，却也忌惮残害贤良的骂名，这才让柏拉图在鬼门关前捡回了一条命。只可惜死罪可免，活罪难逃，迪奥尼修一世不能处死柏拉图，不代表他不能让别人处死柏拉图，而这一任务最终落在了斯巴达使节波利斯（Pollis）的身上。

众所周知，斯巴达人和雅典人是世仇，即便迪奥尼修一世没有暗中授意，波利斯也会悄悄结果了柏拉图的性命。只可惜天佑柏拉图，波利斯在返回斯巴达的路上一直带着他，最后居然选择在伊齐那岛秘密处死柏拉图。原来，波利斯只知道柏拉图是雅典人，却不知道他出生在伊齐那岛，并且和伊齐那人之间的联系一直没有中断，因此在踏上伊齐那岛的那一刻开始，柏拉图就知道自己已经性命无忧了。

很快，赶来观看热闹的伊齐那人便将刑场围了个水泄不通，而柏拉图的面容却越来越轻松愉悦。终于，当伊齐那人的首领也出现在看台上后，柏拉图用伊齐那语喊出了救命，当然震惊了所有伊齐那人。经过简单沟通，柏拉图阐明了自己和伊齐那岛的渊源，伊齐那人立即拥进刑场将他保护了起来。当然，波利斯是客，柏拉图不过是他携带的一个奴隶，伊齐那人的领袖没必要因为柏拉图得罪波利斯，但这仅限于他得知眼前的人是柏拉图之前。

不仅是在伊齐那岛，即便是在整个希腊甚至环地中海区域，柏拉图的名字已经被越来越多的人所知，伊齐那人更是因为柏拉图出生在他们的家乡而倍感骄傲。所谓事在人为，当伊齐那人将大笔赎金送到波利斯面前时，这位早已判明眼前形势的聪明人立即选择了妥协，毕竟他作为斯巴达人的世界，又与柏拉图没有私怨，完全没必要执行迪奥尼修一世的旨意。只不过当时的迪奥尼修一世势大，伊齐那人虽然救下了柏拉图，却不敢解除他的奴隶身份，以免遭到迪奥尼修一世的非难。

尽管如此，柏拉图还是担心牵累伊齐那人，于是很快通过他们联系到了距离伊齐那岛最近的一位友人——居勒尼人安尼凯里（Anniceris）。安尼凯里得到消息后先是无比惊慌，然后立即意识到自己的责任重大，因而连家人都没来得及通知便匆匆上路，急忙赶到伊齐那岛将柏拉图救了出来。就这样，柏拉图在经过长达12年的游学生涯后，最终以奴隶的身份被赎回到了雅典，人生的诸多滋味可谓被他尝了个遍。

此次的长途旅行，对于柏拉图来说可谓意义非凡。我国有一句古语，叫作"读万卷书不如行万里路"，柏拉图在游历各地的过程中不仅目睹了诸多新奇事物，而且得以和各地的饱学之士当面交流，其哲学及诸多科目的精进简直不可估量。正因为如此，柏拉图回到雅典后得到了几乎英雄凯旋般的欢迎，人们不仅在他身上看到了已经逝去多年的苏格拉底的影子，同时也看到了一个正值壮年，想要成就一番丰功伟绩的英姿勃发的柏拉图。

事实上，柏拉图从来没有放弃过振兴雅典的理想，早在他决定游历各国之时，就是带着如何振兴雅典的问题上路的。回到西西里岛之前，柏拉图曾经一度认为自己的学识已经足够丰富和纯熟，足以说服任何一位君王听取自己的建议。但是在遇到迪奥尼修一世后，柏拉图不得不面对一个新的问题，那就是自己越聪明，越可能给自己带来灭顶之灾。如迪奥尼修一世这样的独裁者，他的智慧和勇气可谓少有人能及，但也正因为如此，他们对于智慧和勇气高于自己的人格外警惕，动辄就会刀斧相加。

如此一来，柏拉图的问题就回到了原点——既然迪奥尼修一世如此残暴专横，为什么还有那么多人追随他，并愿意为之效犬马之劳呢？其实答案很简单，这些人没有真正感受过民主的温暖，或者说对于社会文明不具备足够的认识，这才让迪奥尼修一世的独裁统治有了可乘之机。认识到了这一点，柏拉图的脑海中便浮现出了阿启泰的身影，他所推行的温和政治非但唤醒了人民的民主意识，而且没有招致旧贵族的强烈抵制，这对于此刻的柏拉图来说无疑意义非凡。

当然，阿启泰的成功绝非一朝一夕之功。在正式开始改革之前，他一边四处演讲，积极播撒民主的种子，一边开坛授课，培养推行和维护民主的中坚力量，以至于民主潮流一旦形成便不容逆改。对此，柏拉图曾经在自己的著作中提到："如果没有忠实的伙伴和可靠的信仰，那么做任何事都将会徒劳无功。"不得不说，这句话既道出了柏拉图的无奈，但同时也说明他已经找准了自己未来发展的方向，接下来就只剩付诸实际行动了。

与此同时，当柏拉图正式开始行动后，也意识到了问题的严峻性。当时，几乎所有的希腊城邦都在走向专制政治，法律几乎沦为统治阶级满足私欲的工具，任何违背他们意愿的人都会被"法律"严惩，而他们却随时随地都在践踏法律的尊严。更让柏拉图感到任重道远的是，哲学家已经被政治家逼到了社会角落，以至于哲学家们要么选择变节迎合，要么就只能活活饿死。就是在这种情况下，柏拉图举起了拯救雅典的哲学大旗，而他也将为此付出余生的全部精力，并且招致更多的未知与磨难。

第四章
创立学园：用讲学的道路实现人生理想

> 古希腊的哲学家通常都具有很好的辩才，在众人面前演讲更是家常便饭，因而开课授徒也是自古有之，只是他们的活动很少有一个固定的场所。柏拉图游学归来之后名声大噪，已经能够吸引足够多的人主动前来听课，这也为其建立柏拉图学园创造了条件。同时，固定的授课场所也聚集了大量优秀的教师，从而进一步提高了柏拉图哲学思想的影响力。

—— 以英雄之名命名的学校 ——

经过半生努力，柏拉图已经积累了无数智慧，并且数次尝试参与到政治活动中去，只可惜并没有取得成功，最后一次西西里之行还险些遭遇不测。这就让柏拉图不得不接受一个基本事实，即自己想要通过直接参与政治改革来改变雅典现状的想法，基本上是行不通了。好在阿启泰已经建立了可供他借鉴的政治模式，那就是通过培养大量哲学和政治人才，然后再以他们间接实现自己的政治理想。

当然，柏拉图并不局限于理论知识的教授，他在正式开课之前还是到希腊各个城邦进行了实地考察。出乎他的意料，由于哲学修为不足，大多数城邦的统治者都不是很轻松，因此他们也急需一种便于自己统治的哲学文化为自己服务。至于活跃在各个城邦的哲学家，主要是一些名不副实者，也正是他们的上蹿下跳，导致整个哲学家群体遭到统治阶层反感。更让柏拉图感到担忧的是，那些真正的哲学家似乎不谙沟通之道，他们所做的哲学研究无不艰涩难懂，即便偶尔有机会向统治者谈起，也只能招来不解甚至不屑的目光。

除此之外，柏拉图还发现了一大批有精力、有抱负、有理想的社会青年，他们夹在政治家和哲学家之间，既无信心潜心研究哲学，也无能力推行良好政治。因此，柏拉图此行最主要接触的就是这些年轻学生，而在他的开悟下，这些学生无不豁然开朗，其中不少人就此开始追随在他左右。等到柏拉图再次回到雅典的时候，身后已经跟随了大批青年学生，以雅典为中心的又一次大学潮，已经在这个时候初现规模，而对于它在将来的广阔影响力，几乎所有明眼人都已经看出了一二。

果然，就在柏拉图为开办新学园一筹莫展而感到苦恼时，已经有贵族主动上门，希望能够为他的新学园出钱出力。尽管柏拉图知道这是一种利益交换，但已经年逾不惑的他早已褪去了年轻人的激烈和极端，何况有眼光看到教育力量的贵族也不是等闲之辈，甚至有可能是志同道合之人，与之结交必定利大于弊。再看看追随自己的大批学生仍然没有片瓦遮身，想到自己的远大政治理想已经容不得一刻耽搁，柏拉图也就乐得顺水推舟，答应对方的请求来利人利己了。

很快，柏拉图开始带着几个主要学生四处寻找合适地点，当他们来到位于雅典西北郊陶器区的克菲索斯河畔时，立即被这里的美景和宁静吸引了。沿河而上，柏拉图一行又来到了一片风景宜人的茂密森林，困顿之余便停下来休息。不多一会儿，有个离队汲水的学生忽然匆匆跑回，告诉柏拉图这片林子是一处哲学圣地，曾经有雅典英雄阿卡德米亚在此潜心研究哲学，并且后来也曾开课授徒，后来为了纪念他对雅典所做的伟大贡献，还将这片森林命名为阿卡德米亚圣林。

这不禁让柏拉图感到喜出望外，阿卡德米亚森林将美景与人文集于一身，对于开办学园来说简直再合适不过了。在此之后，柏拉图和他的学生们立即展开忙碌，柏拉图负责采购必要的授课书籍，因而不得不四处奔走，只能让几个精明的学生留下来监造学园。很快，一座建筑优美的学园宣告落成，柏拉图带着成车书籍风尘仆仆地归来，看着自己一生中第一个不知算不算成就的成就，柏拉图抑制住自己内心的澎湃，在学生们的夹道欢迎中，第一次走进了以自己名字命名的学园。同时，由于柏拉图学园建在阿卡德米亚森林，因而也被世人称为阿卡德米亚学园，只是后世之人很少以此相称。

至于此时的柏拉图，不仅有着世所罕见的深厚哲学功底，而且在数学、天文、地理、科技、政治、经济等方面都有极高造诣，当时雅典学问最精深者的头衔可谓当之无愧。正因为这样，当柏拉图正式开始授课之后，前来听讲的各地学生如雪片般络绎不绝，而柏拉图的名望也由此得到广泛传播和大举提升。尽管距离自己的哲学理想路途尚远，但是看着眼下所取得的成就，劳苦和奔波了半辈子的柏拉图还是感到了一丝欣慰，同时他也坚信自己找准了前行的道路，如此，柏拉图的人生才终于一点点安定下来。

值得一提的是，柏拉图不仅忙着开课授徒，而且还与雅典当局保持了良好的关系，甚至在授课内容上对当局做出了必要的迁就。一方面，柏拉图为当局输送了大批能人志士，确实为统治阶层解决了不少实际问题；另一方面，资助柏拉图开办学园的贵族中，有不少就是当权派，如果柏拉图得罪了他们，不仅会在国家层面遭受各种阻力，同时也会被直接切断经济支持。果然，由于柏拉图与当局者的意志保持了基本一致，对于柏拉图学园的资助很快就转由国家财政支出了，这也让柏拉图学园的地位再次得到了肯定和提升。

从今人的角度来看，柏拉图学园是欧洲历史上第一所综合性教育机构，同时也是最为集中的研究机构，这直接建立了后世欧洲现代化大学的雏形。当然，柏拉图学园最大的历史贡献是培养了大批优秀的人才，这些人在完成学业之后，进入包括统治阶层在内的各个社会阶层，对于雅典、希腊乃至整个欧洲社会的秩序运转，都起到了难以估量的积极作用。而他们毕业于柏拉图学园的共同出身，无形当中也形成了一张巨大无比的社会群体网，柏拉图作为这张群体网的缔结者，其所拥有的社会权力以及对后世的影响力自然也越来越不容忽视。

至于柏拉图学园的历史命运，从公元前387年由柏拉图亲手创建，一直到公元前86年始终位于阿卡德米亚森林中。这一年，由于罗马大军兵临城下，柏拉图学园不得不整体搬迁至雅典城内，但此后随着雅典的整体衰落，柏拉图学园的影响力也开始日渐衰退。到公元529年，雅典人被罗马人彻底征服，柏拉图学园作为雅典人的精神火种，自然遭到了被关闭的无奈命运，从而完成了其前后长达900年的历史旅程。

培养政治人才的科技能力

柏拉图学园的创立，对于一众学生来说有了一块学习的净土，对于柏拉图来说也有了一处心灵的归所。早在追随苏格拉底之时，柏拉图的内心还能保持平静，似乎外界的一切狂风暴雨，都能够被苏格拉底阻挡住。但是在苏格拉底被害后，柏拉图的内心世界其实坍塌了好大一块，同时也坍塌了好长一段时间。在这段时间里，柏拉图只能远离雅典，到陌生的地方去寻找灵魂慰藉，但实际上也不过是麻痹自己的内心而已。

从柏拉图的著作中不难看出，即便在他最为得意的时候，也没有将内心当中的惶恐彻底排解掉，这就是作为一个漂泊者或者说流浪者永远抹不去的隐痛。随着柏拉图学园的建立，以及和雅典当局良好关系的建立，安全感重新回到了柏拉图的世界，而安全感无疑是一个人做任何事的基础，这一点对于柏拉图当然也不例外。后来，柏拉图无论是授课还是著书，都变得更加从容不迫，甚至是有恃无恐，就是一个再好不过的证明。

纵观柏拉图的一生，其掌管学园期间无疑是最稳定和持久的，这实际上为他的潜心著述创造了理想的环境。众所周知，糟糕的心境和际遇能够为诗人提供灵感，但是柏拉图早已将自己定义为一个哲学家，因而糟糕的心境和际遇对于他来说只能是弊大于利。否则，柏拉图在长达12年的游学生涯中，也不会著作了了，尽管他的哲学智慧都有了极大的精进，对于现实社会和政治也有了较为深入的了解。

另外一个被很多人忽视的基本事实是，柏拉图在学园创立后著述颇丰，却极少谈及自己的日常活动，甚至连自己的心境变迁也很少提起。要知道，柏拉图在游历各国的时候，几乎每天都会对自己的行迹做记录，心境的变化更是时刻反映在他的笔端。这一点，也反映出柏拉图在游历途中的心情变化起伏不定，而在创立学园之后则日趋平静，能够全身心地投入到著述当中去，而不再被各种人生苦闷所困扰。

与此同时，柏拉图的一项人生壮举也终于得以实施，那就是培养自己中意的弟子，或者说培养集哲学和政治学于一身的人才。由于柏拉图和雅典当局维持了良好的关系，他所培养的弟子也确实受到当局重视，因而不仅有越来越多的平民子弟进入柏拉图学园学习，就连一些破落贵族甚至当权贵族也将子弟送入柏拉图学园。这就让柏拉图的影响力变得更加深远和广泛，对于曾经满腔热血想要进行一番政治革新的柏拉图来说，眼前的景象似乎已经能够让他看到政治愿景实现的那一天。

值得一提的是，在前来投奔柏拉图的青年学生中，很大一部分本身就具有极高的天赋和学识，柏拉图在教授他们的过程中也得到了这样或那样的启发。而这样的场景，尤其能够让柏拉图感到激动，因为曾几何时，他也曾和自己的老师苏格拉底彻夜长谈，谈笑间话论天下大事。此时，尽管距离自己的政治愿景还有很长的路要走，但是看着眼前的学生比起自己当年更胜一筹，他的心中还是充满了欣慰和满足，至少他已经做到了当年老师苏格拉底曾经做到的事情。

至于柏拉图带给学生教育的最大改变，就是他在培养学生哲学和政治能力的同时，也在积极教授他们各种科技知识。柏拉图很清楚，人类的贪婪和懒惰本性必然导致当权者压榨底层民众的劳动价值，甚至将他们当作奴隶对待。因此，柏拉图在改造统治者基本认知和政治能力的同时，也希望他们能够全面开发自然力和机械力，以此代替底层民众原始而低效的劳动力。不言而喻，自然力和机械力的开发，将大举推进雅典社会的文明进程，这一点在后来的欧洲社会发展历程中显然得到了有力印证。

当然，自然力和机械力的开发，需要大量的专业人才长期进行潜心研究，一些重大的课题研究甚至要消耗几代人的心血。这就让欧洲社会的发展渐渐与其他大洲拉开距离，以至于四大文明古国以数千年积累的智慧和力量，当他们和武装起来的欧洲文明碰撞之后，还是纷纷败下阵去。更为重要的是，欧洲社会大发展的同时，也促进了全人类对自然力和机械力的开发，从而带动了全球劳动力的大发展，同时也改进了全球民众的物质生活水平。

也许连柏拉图自己也不会相信，自己在屡遭碰壁之后，一手创办的柏拉图学园，居然能够改变欧洲乃至全人类的命运。只是柏拉图并没有发现，在做出这一历史壮举之前，他已经完成了最根本的自我转变。比如在追随苏格拉底之时，他一方面认为自己身为哲学家几乎神圣，一切政治家则都是肮脏和无能之辈，不消说和他们通力合作，就是与他们出现在同一片天空下都会感到耻辱。

而此时此刻，柏拉图发现很多政治家其实都很聪明，并且他们当中不乏拥有高远政治理想的人，甚至很多政治家都是哲学造诣颇高的哲学家。于是，当柏拉图主动抛出橄榄枝，希望和这些政治家达成合作后，很快得到了积极的回应，很多人甚至放下身段，跑到柏拉图学园拜他为师。即便是那些与柏拉图政见相左的贵族，也纷纷将自己的子弟送到柏拉图学园学习，因为此时的柏拉图已经不再是众人所排挤的极端分子，而是正在引领一个时代潮流的哲学大师，人们唯恐不能搭上他的顺风车，又怎么可能做出螳臂当车的失智之举。

　　直到这个时候,柏拉图才恍然醒悟,这个世界上的大多数人都是聪明的,根本不存在所谓愚不可教的民众。此前他的诸多言论之所以遭到多方排挤,不是因为大家不能理解或者不能接受,而只是因为他的想法和实际情况相差太远。换句话说,问题不在于外界事物,而在于自己从来都是目空一切和顽固不化,好在柏拉图及时认清并改变了这一问题。

一代大师的神秘咨询服务

柏拉图学园的成立，不仅汇集了大批学生，同时随着学生数量的日益增加，也让师资力量日渐紧缺起来。柏拉图虽然学识渊博，但是毕竟不是在每个领域都能首屈一指，为了教出最优秀的学生，他开始广泛招揽各领域的大师，为他们提供集高荣耀和高收益于一身的教师职位，这就让柏拉图学园有能力吸纳更多的学生。而学术领域的扩展和加深，也让柏拉图学园的学术权威性日渐巩固，学生们挤破脑袋想要进入学园，政治家们也希望从学园毕业的学生能够为自己所用。

面对这种情况，柏拉图的做法是尽量满足所有政治家的要求，如果他的学生不能满足政治家的统治需要，他甚至还可以亲自为之提供咨询服务，当然这种服务是秘密进行的。至于为什么秘密进行，柏拉图的想法切实而简单，即越是神秘的咨询服务，政治家越是会言听计从，同时也会得到更多的回报。当然，柏拉图绝不会将这些收入用于个人事务，而是会投入到柏拉图学园的运作之中，毕竟随着学园的规模越来越大，各方面所需要的资金也越来越多，否则柏拉图也不会冒险为政治家们提供咨询服务。

之所以说冒险，是因为柏拉图所参与的政务，很多都会涉及政治家的机密，而这些机密一旦泄露，必定会让他们蒙受不同程度的损失。对此，柏拉图自然也不会任由他们摆布，因为他的所谓咨询服务，大多都是派去一些学生作为指导。如果仍有解决不了的问题，也是由学生写信给柏拉图进行请教，然后再由柏拉图回信进行解答。如果有哪位政治家想要请柏拉图亲自出山，那么不仅柏拉图不会同意，就连雅典当局也不会同意，毕竟柏拉图知道最多秘密的就是雅典当局。

好在柏拉图早已对自己的位置有了清晰认识，所插手的各国事务，也会有严谨的深浅尺度把握，再加上他日渐远播的名望和日渐庞大的社会群体网，能够对柏拉图生出歹心的政治家也就基本绝迹了。当然，基本绝迹并不代表彻底绝迹，按照"木秀于林，风必摧之"的不变规律，一心痴迷于哲学课题研究的柏拉图，还是不小心遭遇了一次危机。

当时，随着柏拉图学园的横空出世，斯巴达人作为雅典人的死敌，自然感觉到了日渐临近的危机，如何除掉柏拉图成了他们迫在眉睫的事情。然而，柏拉图从来都是深居简出，不仅身边总有大批学生围绕，学园还有雅典当局的严格警卫，想要使用武力除掉柏拉图基本没有机会。为此，一向善用武力的斯巴达人居然想出一计，他们蒙骗斯巴达哲学界的一些重量级人物，对柏拉图发出信函邀请，希望他能够到斯巴达国学园做一次演讲。

柏拉图不是没有怀疑过斯巴达人的邀请，但是想到有机会去斯巴达国学园演讲，直接影响其最为核心的精英阶层，尤其是决定斯巴达人未来的青年学生，柏拉图思考再三还是决定前往。当然，此事不是柏拉图一个人想去就能成行，首先就是几乎所有学生和老师坚决反对柏拉图此行，其次雅典当局也严令柏拉图前往斯巴达。一番周旋下来，大家终于达成统一意见，即柏拉图前往位于雅典和斯巴达交界的小镇进行演讲，同时斯巴达国学园的师生也前往小镇听讲。

雅典人以为这样就可以万无一失了，同时他们也抱有侥幸心理，认为两国即使有世仇也不应在学者身上打主意。然而，斯巴达人显然并不这样想，而且只要柏拉图离开学园，他们潜伏在雅典的刺客就已经能够伺机而动。于是，当柏拉图率众穿过一条狭长的山谷时，忽然落石滚木纷纷而下，阻挡了山谷两端的进出口。卫士们立即将柏拉图围了起来，但有备而来的刺客根本不会被他们阻挡，一番乱箭齐射之后，保护柏拉图的就只剩下一群手无缚鸡之力的孱弱学生。

好在柏拉图有过一段军旅生涯，并且铸就了强大的体魄和意志，否则也不可能周游各国而毫发无损。眼见情况危急，柏拉图下马拾起一位牺牲卫士的长剑和圆盾，抵挡随时可能射过来的冷箭，一边让学生有样学样完成简单的自我武装，并且指挥学生迅速做出了一个防御队形。隐藏在密林中的刺客稍作迟疑，又是一轮乱箭齐射，但这一次他们能够收到的效果已经大不如前，同时他们手中的箭已经射完，而幸存的卫士也已经发射信号弹，雅典距离事发地最近的驻军很快就会赶到。

留给刺客们的时间开始急速流失，冲下山坡短兵相接是他们唯一的选择。而柏拉图看得真切，这些刺客精于暗杀，战场冲锋的经验却不足。为此，柏拉图立即指挥大家向刺客发起反冲锋，由于柏拉图准确选择了对方最薄弱环节，众人一冲之下居然成功突围，一行人转瞬钻进了密林之中。一通拼命飞奔，柏拉图果断指示大家四散逃命，然后在两名卫士的保护下向最近一处雅典驻军营地赶去。

一路上，尽管柏拉图和两名卫士谨慎前行，但还是遭到了刺客的截杀。原来，刺客早已料到柏拉图会逃往最近的雅典驻军处，所以在他们反冲锋成功后并没有急着追赶，而是悄悄藏身到前往军营的必经之路上，如此果然将柏拉图一行三人成功截获。两名英勇的卫士尽职拼杀，但是终因寡不敌众而惨遭杀害，这一次柏拉图就算有天大的本事也难逃一死了。万万没想到，就在柏拉图举起长剑准备自杀之际，为首的刺客居然喊了一声"老师",待他摘下蒙面的黑纱,柏拉图才看清果然是自己曾经教授的一位学生。

柏拉图还记得这位来自斯巴达的学生前来投奔时,所有人都劝他将其赶走,毕竟雅典人开办的学园从来没有招收过斯巴达学生。但柏拉图却力排众议,将他收入园中,并且多次亲自授课,使这位学生感恩戴德。后来,学生学成归国,凭借出众的才华很快出人头地,并且因为在雅典的留学经历,进入斯巴达的情报系统。此次接到任务,居然是暗杀自己的昔日恩师,学生知道无力改变命令,只好表面执行任务,暗地里则希望解救柏拉图。好在柏拉图命不该绝,居然真的撞到学生怀里,这才慌忙捡回了一条性命,但是经历此事他终生再也没有离开过柏拉图学园。

—— 正义是哲学家坚守的底线 ——

在众多接受柏拉图咨询和支持的政治家中，获益最大和成就最高的是马其顿国王佩尔蒂卡二世（Perdicas），以及小亚细亚（包括阿索斯和阿塔纽斯）统治者赫尔米亚（Hermias），再者柏拉图还曾派遣自己的爱徒欧多克苏（Eudoxus）和亚里士多德（Aristotle），命他们返回自己的母邦斯塔吉拉，帮助当局制定先进的法律制度，不仅为统治者提供了重要帮助，也为民众谋取了诸多福利，可以说是为斯塔吉拉的社会文明进程作出了历史性贡献。

值得注意的是，柏拉图为各国政治家提供服务的同时，也将柏拉图学园的普世价值观输送到了各个王国，从而对这些国家施加不同程度的政治影响。换句话说，只有政治家首先认可了柏拉图的哲学和政治观念，才能得到柏拉图的支持，否则就会被其拒之门外。比如阿卡迪亚人和底比斯人建立的联合政权，也曾找到柏拉图寻求立法帮助，他们虽然愿意支付更高的薪酬，但是要求柏拉图制定单方面有利于统治者的法律。

柏拉图为各国提供政治服务，最主要的目的就是为了实现自己的政治理想，或者说实现自己心中的正义。因此，他不仅没有答应对方的要求，还将使者严词斥责一通，并要求他们回去好好说服统治者，不要在偏离正义的道路上越走越远。柏拉图此举，宛如一封致天下人的公开信，将阿卡迪亚人和底比斯人的行为定性为非法，如此果然让他们越来越受到所有城邦的孤立。

由此可以看出，柏拉图手中虽然没有任何政府实权，但是他的隐形权力却已经渐渐凌驾于各国政权之上。如果有哪个政权想要获得合法性，那么他首先要得到柏拉图的支持，因为这实际上是一种认可。当然，任何政治家都可以忽略柏拉图的存在，但是随着柏拉图的学生逐步进入各国权力中枢，任何忽视柏拉图的行为都可能为自己带来负面影响。可以说，柏拉图的梦想已经触手可及，而他似乎也很享受这种感觉，不断向各国政权派出自己的学生，扩大自己的理念的影响力。

至于柏拉图为各国政府提供的服务，主要是法律服务和政务咨询，也有一些统治者会将国家的立法权统统交给柏拉图，当然是交给柏拉图派去常驻的学生。为什么柏拉图派出的学生如此大受欢迎呢？这其实从侧面反映除了柏拉图高超的政治艺术，在经历漫长的游学生涯和潜心的学园研究后，他已经建立起一套切实可行的政治体制，不仅能够让民众的福祉得到尊重和保障，而且能够帮助统治者轻松高效地管理国家。当然，对于柏拉图而言，能够让民众的福祉得到尊重和保障才是最重要的，至于统治者是谁似乎并不重要。

正是基于这一点，柏拉图从来不参与政治运动，尤其不参与军事活动，而只是为当权者提供服务。换句话说，不管谁在政治运动或军事活动中取得胜利，只要认可柏拉图的治国理念，都可以得到相应的支持和帮助。不得不说，柏拉图的这一做法不仅是实用的，而且是明智的。首先，如果他想要支持某个政权，必然要付出大量的精力甚至财力；其次，一旦他支持的政权倒台，那么他和整个柏拉图学园也会受到牵连。而柏拉图这种浅尝辄止的政治参与原则，不仅让他能够避开所有潜在的政敌，同时也能获取所有胜利者的既得利益。

综合来讲，得到柏拉图最大帮助的政权是军人政权，尤其是刚刚建立的军人政权。古语有云："打江山容易坐江山难"，军人凭借自己手中的实权取得政权相对容易，但是他们想要对国家实施有效的管理，从而一劳永逸地在统治者的宝座上坐下去，没有一定的政治天赋自然无法实现。很多军人统治者为了保住手中的权力，不惜推行高压政策，直至陷入一种越压迫越反弹的恶性循环中，人民生灵涂炭不说，统治者最终也难得有好下场。

正因为认识到了这一点，很多新掌权的统治者才会不遗余力地广纳贤才，降低身段或重金招揽都在所不惜。而对于此时的希腊人来说，似乎并不存在这样的问题，柏拉图就像是一个管理国家的职业经纪人，他的学园中有大量优秀人才跃跃欲试，似乎没有什么国家不能在他们手中治理好。更为难得的是，柏拉图学园不仅培养哲学和政治人才，只要是能够帮助国家建设的人才应有尽有，政治家的任何需求几乎都可以在这里得到满足。

不过，柏拉图之所以能够获得如此高的社会地位，绝不仅仅因为他能够培养治国理政的各类人才，而是能够利用这些人才编织出一张庞大的社会群体网。所谓人力有时而穷，即便是位高权重的统治者也不例外，在这种情况下如何达成所愿，很多统治者都只能无奈地诉诸刀兵相见。如果不必大动刀兵也能达到目的，自然是上上之策，至于寻找什么样的方法去解决，统治者们大可不必劳心费力，因为他们往往只要找一个人就足够了，这个人自然就是柏拉图。

除此之外，对于普通人来说，不仅统治者需要网罗人才，人才同样需要投靠明主谋一个好前程，这就让柏拉图的社会群体网又有了价值。即便在投靠明主之后，如何借助各方面的力量功成名就，同样可以向柏拉图寻求帮助，而这些人逐渐掌握社会权力之后，反过头来也会被柏拉图所用。于是，柏拉图虽然深处各个政权之外，实际上触角却可以伸入每个政权之中，不仅能够以局外人的视角看得更清，同时也能够培植和调动安排更多人力，这就让柏拉图逐渐登上了社会权力的金字塔尖。只是他一心痴迷于哲学研究，致力于全人类的社会福祉，无意于将社会权力揽入自己手中。

—— 不懂几何者禁止入内 ——

受阿启泰的影响,柏拉图对于数学的研究也从未停止过,而柏拉图学园的良好环境和大批学者,也让柏拉图的数学造诣不断取得新突破。而数学造诣的不断提高,又让柏拉图在其他方面的学术受益匪浅,这更加重了柏拉图对数学研究的重视。当时,曾有人质疑数学在学术领域的重要性,并建议柏拉图将更多的精力放在哲学研究上,但柏拉图早已领会了数学和哲学间的微妙关系,对于他来说研究数学本就是研究哲学的一部分,并且显然是非常重要的一部分。

柏拉图曾经告诫自己的学生,即便不能运用数学打开哲学谜题,也要学会用数学揭示自然万物的变化规律。比如最简单的节气问题,如果能够运用数学计算每年的时间轮换,就能准确预知气候甚至是天气的变化。为此,柏拉图还发明了很多计算时间的方法和器皿,其中很多都对人们的日常生活产生深远影响,更有一些为后世学者的进一步研究奠定了坚实的学术基础。

在整个数学领域当中,柏拉图最为看重的是几何学,因为在他看来几何在人们的日常生活当中更具实用价值。史料记载,柏拉图为了表明自己对几何学的重视,还曾命人写了一个"不懂几何者禁止入内"的牌子放在学园门口。尽管柏拉图从未认真地执行这一规定,但是有一点事实显而易见,那就是柏拉图最得意的弟子在数学方面都有很高造诣,其中不少在后来还被称为举世闻名的数学家。

之所以如此，是因为柏拉图的很多哲学理论都建立在数学上，至少在他看来研究哲学要很强的逻辑性，而数学无疑是最佳锻炼和记忆方法之一。在哲学研究领域，两个毫不相干的事物很可能存在密切的内在联系，想要了解这些奇妙的规律，仅仅依靠死记硬背是难以实现的，运用强大的逻辑思维去理解清楚，才是真正的学习之道。此外，柏拉图一项主张学以致用，再好的哲学研究成果不能发挥实际价值，都是徒劳无功，而理论结合实际无疑更需要强大的逻辑思维。

以数学为基础，柏拉图展开了一系列社会研究，首先让他感兴趣的是地理。在当时，人们对世界的认识还非常有限，大多数人认为世界就是以自己为中心，自己想象不到的地方都是荒蛮之地。柏拉图的地理研究则告诉人们，世界根本就不存在所谓的中心，整个地球是由各种地形组成的，包括山川、河流、江海等，以及这些地形和气候、天气之间存在怎样的必然联系。而研究这些事物的课题，被柏拉图统称为地理，而这实际上也就成为了当代地理的雏形。

另一项以数学为基础的研究是天文学，柏拉图几乎每天都会观看夜空，以数学记载星象的各种变化。最初，柏拉图只是因一本古老的书籍对天文产生兴趣，但他发现很多星象变化有其固定规律后，天文研究就变得欲罢不能了。而结合天象的各种变化，柏拉图还能够对一些自然现象的出现做出预判，所以让他决定将此提升为一门课程。在柏拉图的一生中，虽然对天文学研究有限，但是他所记载的大量天文资料，还是为他的学生提供了大量研究和参考资料，这也让柏拉图的门下涌现出大量天文奇才。

当然，作为一名哲学家，柏拉图要思考的终极问题还是人生，或者说生命的起源，而这也让他将自己的目光投向了广阔的宇宙。在眼睛看不到，耳朵听不到，甚至连想象力都无法到达的地方，存在着一些什么样的事物呢？而人类所处的地球，对于他们来说不也同样遥不可知吗？那么人类到底从何而来？人类存在的意义是什么？将来又会向何处去？柏拉图脑海中思量着"宇宙"二字，迟迟不能找出让自己满意的答案，但是他所提出的问题很快就成为全人类所思考的问题了。

从后来的历史发展可以看出，柏拉图对数学的倾心关注没有白费。他给后世留下了诸多课题的同时，也为后世研究者指明了研究方向，这就让他的学生中涌现出众多开创了全新领域的大师。比如立体几何的创始人泰安泰德，现代数学和天文学奠基人欧多克苏，圆锥曲线的发现者梅涅克莫等。这些大师级的人物追随柏拉图，并且忠于他的课题研究，就像当年柏拉图追随和忠于苏格拉底一样，他们相信老师的每一次提问，都有可能为自己的学术研究指明方向，而自己的每一次努力，都有可能开创人类文明的新纪元。

柏拉图的众多研究成果，以及培养出大批优秀学生，不仅让他在雅典的社会地位水涨船高，同时也让雅典成为整个希腊的文化中心，而柏拉图也就成了全体希腊人的骄傲。如此一来，整个希腊的学者都将雅典视为心目中的圣地，很多人哪怕历尽千辛万苦也要赶到这里拜访柏拉图，柏拉图学园也由此汇集了越来越多的人才。于是，柏拉图学园成了一个人才汇集和输送中心，而这一理想局面的打开，在柏拉图看来同样是一个哲学成果，或者说是自己所正确努力的必然结果。

总而言之，在柏拉图看来，万事万物都处在一定的变化规律之中。如果一个人能够弄懂这些规律，就能够遵循这些规律而无往不利，这就好比一个人乘船顺流而下，总能够取得事半功倍的效果。相反，如果不能弄懂并遵循这些规律，就会如同逆水行舟，哪怕拼尽全力往往也只能收到一点可怜的成效。至于如何解开这些玄妙的规律，数学能够起到的作用绝对不容忽视，这就是柏拉图一再向学生们强调数学的重要性的原因所在。

第五章
训诫才俊：以毕生精力教化亚里士多德

柏拉图一生教授学生无数，但说到其中最优秀者，恐怕就是亚里士多德了。这位和自己老师、老师的老师（苏格拉底）并称为"希腊三杰"的天才少年，在经过柏拉图的点拨之后迅速成长，很快成长为光芒万丈的哲学大家。难能可贵的是，亚里士多德并没有墨守成规地遵从师道，而是进行了大胆的尝试和改变，这也让柏拉图的思想得到了升华和延伸。

—— 闯荡雅典的 20 岁贵族少年 ——

亚里士多德在世界哲学史上贡献很大，同时名气也很大，不过他所取得的这些成就很大一部分要归功于自己的老师柏拉图。正如当年苏格拉底悉心教导柏拉图那样，当柏拉图发现亚里士多德拥有过人的天赋后，也情不自禁地对其倾囊相授，这也让亚里士多德成为继苏格拉底和柏拉图之后，希腊哲学史上又一位光芒万丈的巨星。然而，亚里士多德的成长经历并不顺畅，他曾经走过很多弯路，即便是在追随柏拉图之后，还是浪费了大量光阴，因此一度让柏拉图感到万般头痛。

公元前 383 年，亚里士多德出生在马其顿王国的一个贵族家庭，其父母都是马其顿国王腓力二世的宫廷御医，其医术之高明几乎闻名整个马其顿王国。也因为如此，亚里士多德的家庭条件非常优越，让他得以从小生活在衣食无忧当中。而且随着马其顿王国的崛起，亚里士多德家庭获得的奴隶和财富越来越多，亚里士多德的日常生活也随之越来越奢华，甚至逐渐成长为目空一切的纨绔子弟。

按照父母的规划，亚里士多德将来会子承父业，成为马其顿王国新一代御医，继续为王室服务，继续享受荣华富贵。亚里士多德对此曾经长期不置可否，与自己的父母不同，他作为一个典型的含着财富和地位的金钥匙出生的人，从来没有考虑过家庭未来的生计，只是考虑自己喜欢什么就会去追求。但是，尽管他不喜欢医学，却也找不到其他值得喜欢的事业，如此才一直对父母的规划不冷不热，让父母误认为他已经接受了家里的安排。

18岁这一年，随着亚里士多德步入成年人的行列，外出闯荡一番去增长见识的想法越来越强烈，家里人也有意促成他的想法。这个时候，雅典作为整个希腊的文化中心，已经成为所有心向文明者的圣地。亚里士多德作为整个家族的希望，让他去雅典学习医术成了自然而然的事情，亚里士多德也确实抱着学医的想法只身前往雅典。在他看来，雅典的一切都是新生事物，即便不能学到高深的医术，也必定可以好好游览一番。

可惜抵达雅典后，亚里士多德的第一个想法就是失望。作为一个拥有古老文明和历史的国度，雅典虽然积淀了深厚的文化基础，但是大多数景象还是呈现出一派沉沉暮气。两相比较之下，马其顿王国作为新生国度，尽管各个方面的建设还欠缺完善，但是一股昂扬向上的气息几乎弥漫到了空气里，以至于连亚里士多德这样的纨绔子弟都想要作出一番成就。随便转了几圈之后，亚里士多德便以马其顿人特有的傲慢，将雅典归为浪得虚名之列。

然而，在这座千年老城当中，偶尔又有一些新新人类出现，而且这些人显然都是来自各国的贵族子弟。经过打探之后，亚里士多德得知这些人是为了柏拉图学园而来，而柏拉图及其学园的名字亚里士多德也曾有耳闻。只不过，亚里士多德一直以为柏拉图学园在自己游览过的城内的一片古老学园中，因而连进去寻找的想法都没有。随着一众贵族子弟来到位于郊外的柏拉图学园，亚里士多德立即感到眼前一亮，他从来没有想到过，世间居然还有这样一方净土。人与人之间彬彬有礼，所谈所论都是世间最为深奥的学问，冥冥中似乎有些东西暗合了亚里士多德的内心世界，他甚至觉得自己曾经来过这里。

找到学园的管理员，亚里士多德表达了自己前来学医的想法，但对方却告诉他这里没有医学科目，而且不管学习哪个科目都是为了学习哲学。不得不说，亚里士多德对医学从来都是兴趣不大，此刻听到学园中没有医学科目的消息，心中甚至有些窃喜。但与此同时，亚里士多德心中也生出一丝担忧，那就是他一直以来都在学习医术，此刻不知能否进入学园转学哲学科目。而当他说出这个问题后，疑虑立即就被打消了，因为对方告诉他就连园长柏拉图也是半路出家。

如此一来，亚里士多德顺利进入园中学习，成为柏拉图千百个学生中的一员。不过，随着亚里士多德对学园环境的熟悉，最初的那丝羞涩和拘谨很快荡然无存，每天以一个放荡不羁的富家子形象在学园中招摇过市。为此，不少同学对亚里士多德都心存厌恶，甚至有些人还会当面指责他。但亚里士多德显然丝毫没有悔改之心，无论是遭人厌恶还是被人当面责难，他都会一笑置之，因为他根本就没有将任何人放在眼里，放荡不羁的行为甚至开始变本加厉。

学园当中出现这样一位"异类",作为园长的柏拉图作何反应呢？实际上,他没有作出任何反应,因为他心中非常清楚,亚里士多德的哗众取宠,正是要引起自己的注意,从而主动找他进行谈话。对于这样的学生,柏拉图自然有自己的一套应对方法,简而言之,就是把他晾在一边,最终让他对自己的行为感到无趣和羞愧。

果然,亚里士多德的行为开始越来越收敛,几次主动单独求见柏拉图未果后,居然开始深居简出,认真研究起柏拉图教授的课程来。而亚里士多德对柏拉图的关注,也让他对这位可敬的长者越来越尊重,这不仅因为柏拉图有着让世人折服的学术成就,而且因为他过着苦行僧般的生活。尤其让亚里士多德感到惊讶的是,柏拉图作为一园之长,居然和学生们一起劳动,为学园提供必要的食物供给。

只是亚里士多德怎么也想不明白,自己都已经主动求见了,为什么柏拉图就是不答应和自己见面,难倒他也像很多同学那样讨厌自己？就在亚里士多德越来越感到心里没底的时候,一位平时和他关系还算不错的同学匆匆赶来,告知他老师柏拉图做出邀请,希望他能一起参加当天下午的劳动。以亚里士多德的聪明,不会不知道这意味着什么,而两位同时代的哲学大师,也由此开始了真正的接触。只是此时的柏拉图尚不知道,上天已经为他准备了一个天才级的学生,要帮他延续自己的哲学事业,帮助人类寻找和燃起希望之光。

—— 马驹需要缰绳，更需要草原 ——

亚里士多德的自负，不仅来源于他的天赋异禀和家境优越，更在于他从来没有遇到过比自己更厉害的人。来到柏拉图学园之后，亚里士多德的知识不要说和柏拉图相比，就是柏拉图的一众学生，也有不少人的才能在他之上。因此，亚里士多德在学园之中所表现出来的桀骜不驯，内心当中已经隐隐藏了一丝不安，而柏拉图对他的不理不睬，更加重了他对自己的怀疑。

事实上，柏拉图并非不欣赏亚里士多德的过人心智，但他更清楚亚里士多德的成长已经遇到了瓶颈，如果不能尽快有所突破势必沦为庸才，而瓶颈正是来源于他的桀骜不驯。此前在自己的故乡，亚里士多德的学识几乎无人能及，这让他误认为自己已经天下无敌，继续学习的心思也就渐渐懈怠下来。好在亚里士多德的父母见识不凡，他们知道自己没有能力继续教导自己的儿子，却知道必定有人能够继续教导他，而这个人就是远在雅典的柏拉图。

如同自己当年的老师，柏拉图在学园当中逐渐老去的同时，也意识到了自己的衣钵传承一事，却苦于始终没有找到合适的人选。当他见到亚里士多德的第一眼，便已经能够确定自己找到了要找的人，因而此时的亚里士多德太像当年的自己了。他眉眼高扬，似乎不把任何人、任何事放在眼里，但只要遇到学识超过自己的人，那份桀骜不驯又会自然而然地转化为敬慕之情。

至于此时的亚里士多德，心境显然比柏拉图更加复杂。在来柏拉图学园的路上，亚里士多德心中对柏拉图更多的是质疑，毕竟他已经见识过太多浪得虚名之辈。不过冥冥之中，亚里士多德又觉得自己会不虚此行，这不仅是因为一路上听到人们对柏拉图不绝于耳的赞扬，而且在于越接近雅典这个盛极一时的文化中心，耳濡目染的文化氛围便越浓郁，好像一个人嗅着酒香的味道一路来到巷子深处的酒坊。

然而，固有的骄傲让他一时无法放下架子，最多只是在人前显摆的同时，私下里加紧学习各种知识。而柏拉图一眼便窥破了这个表里不一的学生，只是他既不愿道破，也不愿让他继续为骄傲所累。其实，柏拉图的想法很简单，亚里士多德就像是一匹小野马，如果单纯地想要用缰绳锁住他，结果只能适得其反。相比之下，倒不如给他一片辽阔的草原，等到他跑累了，意识到草原的无边无际了，自然会沉下心从头开始。

一年之后，始终不受柏拉图"待见"的亚里士多德终于坐不住了，同时他也认为自己在学园学到了足够多的知识，于是主动找到柏拉图想要"请教"，而心知肚明的柏拉图则准备对他迎头痛击。亚里士多德的"请教"与其说是发难，不如说是倾倒苦水，他抱怨柏拉图对自己拒之千里，各位老师也不愿与他过多接触，还抱怨遭到同学们的各种排挤，好像自己做了什么不可饶恕的错事一样。

柏拉图闻言，只是平静地问了一个问题，即为什么大家到了学园之后，都开始穿雅典人的衣服，学习雅典人的生活方式，而亚里士多德却仍旧穿着故乡的衣服，保持着故乡的生活习惯。亚里士多德的回答冠冕堂皇，无非是思念故乡一类的话，柏拉图却一针见血地指出他是为了引起大家的注意。如果说亚里士多德在故乡的推崇是别人奉上的，那么在来到雅典尤其是来到柏拉图学园之后，他得到的奉承则只能算是自己求来的，而他能够拿来卖弄的东西也越来越少，柏拉图的话无疑戳中了他的软肋，同时也打了他的脸。

羞愧之下，亚里士多德也不好继续赖在柏拉图学园了，匆匆告辞柏拉图之后，便回到客房收拾行李准备回家。当然，如果亚里士多德的雅典之旅就这样结束了，那么也就没有后来的"古希腊三杰"和他们之间的故事了。事情的转折来自柏拉图的深夜造访，亚里士多德对此自然是受宠若惊，但更让他感到惊讶的是，柏拉图只是和他聊了一位普通的朋友，直到他得知这位普通的朋友叫作苏格拉底。

当晚离开之后，柏拉图将一本手记留给亚里士多德，里面详细记载了柏拉图和老师苏格拉底的一些经历，其中不乏二人之间高深莫测的哲学对话，那是几乎代表人类最高智慧的对话。在此之后，柏拉图学园的所有人都感到不解，谁也不知道亚里士多德怎么在一夜之间变了一个人，他主动和每个人打招呼，尽己所能帮助每一位同学和老师，同时也愿意向所有老师请教问题。

与此同时，细心的同学也发现了另一个问题，园长柏拉图对亚里士多德的态度也发生了变化，二人甚至经常下课之后在院子里一起散步。应该说，柏拉图是幸运的，他只用了一招"欲擒故纵"，就得到了一位天才学生，以至于他接下来只是随手推荐了几本书，便成就了一位划时代级的哲学大师。如果说柏拉图是苏格拉底最得意的学生，那么亚里士多德无疑是柏拉图最得意的学生，源自古希腊的哲学火种在他们手中接力而过，共同谱写了人类智慧的华丽壮歌。

当然，更加幸运的是亚里士多德，近代著名哲学家海德格尔曾经对亚里士多德的一生做出评价——出生，思考，死亡。这里所说的思考，无疑是亚里士多德的人生价值所在，而赋予他思考之方法的人，正是他的老师柏拉图。我们常说，千里马常有而伯乐难寻，其实好的学生也不在少数，只是真正能够为他们指点迷津的老师少之又少罢了。而以亚里士多德的天赋异禀，如果不是遇到柏拉图这样的哲学大师，恐怕也难免一生庸庸碌碌的悲惨命运。

── 吾爱吾师，吾更爱真理 ──

我国唐代著名教育家韩愈曾在其《师说》一文中提到："弟子不必不如师，师不必贤于弟子，闻道有先后，术业有专攻，如是而已。"柏拉图之所以对亚里士多德情有独钟，垂青于他的过人天赋是固然，对于其敢于突破自我的大胆创新精神，才是更重要的原因。柏拉图很清楚，在探寻真理的大道上没有终点，如果自己所教授的都是一些循规蹈矩的学生，真理的大旗将永远停留在自己手上，那么柏拉图学园的衰落也将指日可待。

在见到亚里士多德之初，柏拉图表面上不动声色，内心当中确实心潮澎湃，对亚里士多德的不冷不热也是强压内心欢喜。当然，在夜深人静之后，展开自己的书本，柏拉图还是留下自己的真实心迹，他曾在当时的一首诗中写道："在众人之中，他是唯一的，也是最初的……这样的人啊，如今已无处寻觅！"很显然，大师之间的心灵是息息相通的，哪怕是在人海之中遇到对方，也能够一眼甄辨出来。

在追随柏拉图的过程中，亚里士多德尽管表现出了学生应有的敬意和谦卑，但是在真理层面上却从来没有做出过任何退让。柏拉图虽然对此不置可否，却难免有其他老师斥责亚里士多德不重师道，这才让亚里士多德针锋相对地说出了一句闻名于世的真言——吾爱吾师，吾更爱真理！

不可否认，任何一位学生都应该尊敬自己的老师，拥有传统美德的民族更是尊奉"一日为师，终身为父"的古训。但是正如韩愈所说，"术业有专攻，闻道有先后"，一个行业的钻研往往需要对相关行业有所了解，这很可能就意味着一位大师要向其他行业里的普通人请教问题。而学识的高低不仅在于日积月累的量变，更在于天赋所决定的瞬间质变，这就导致"青出于蓝"的事情在历史上层出不穷。

至于柏拉图和亚里士多德在学术上的分歧，简直可以说是背道而驰，二人虽然都强调理论和实践的重要性，但是又各自有不同的偏重。柏拉图早年曾游历四方，对于实践的重视远远高于理论，不过随着柏拉图学园的开办，以及他对各种哲理的深入探寻，理论开始成为其学术研究的重中之重。而以亚里士多德的学识和年纪，正是对实践充满好奇的时候，理论对于他来说更像是归纳总结用的依据和参考，师徒二人甚至为此进行过激烈的辩论，当然也仅仅限于辩论的层面。

按照亚里士多德的说法，具体事物是真实存在的，是世间万物相互作用和运转而产生的结果。如果忽略这一基本认识，理论将失去应有的研究价值，而且会陷入"越研究越复杂"的恶性循环当中，并据此提出了"实体说"。但是在柏拉图看来，具体事物只是理论知识的投射，如果不认清事物的本质和原理，具体事物的研究必然迷失方向，直到进入不可避免的自我否定之中，并且据此提出了"理论说"。

亚里士多德的论据是"一匹白马"说，即离开"马"这一具体事物后，"白"这个抽象词语（即理论）是不能独立存在的。同时他还指出，一个人不管拥有怎样高超智慧的头脑，如果他首先不是一个具体的、真实的人，那么他的知识就将不复存在。对此，亚里士多德将具体的事物称为"第一实体"，是一切其他抽象事物的依据，更是探寻真理应该严格遵照的对象。

在此基础上，亚里士多德还提出了"第二实体"——类，同样以马来举例说明，马是分属于动物类的，同属于动物类的还有其他很多实体，因而具体事物又具有可以分类对待的共同属性。"第二实体"介于"第一实体"和"理论层面"之间，因此也是探寻真理不可逾越的阶段，能否处理好这一阶段的理论研究，将直接决定能否安全抵达真理的彼岸，最终将真理大旗插在哲学之山的巅峰上。

由此可以看出，亚里士多德的理论更倾向于唯物主义，事实上他的理论也是后世"唯物主义"学说的主要"根据地"。当然，坚持唯物主义并非否定唯心主义，比如亚里士多德指出基于"第一实体"的理论研究也是"实体"，同样可以作为进一步探寻真理的依据。换句话说，亚里士多德尽管主张以具体事物反观真理，但是对于那些建立在具体事物和基本原理上的理论，或者说是那些禁得住推敲的真理，还是进行了充分的肯定。

因此，师徒二人的哲学理论看似水火不容，实际上却并不存在矛盾。真理从来都是真实存在，并体现在具体事物上的，遵循了事物原理的人无往不利，违背了事物真理的人则处处碰壁。柏拉图以理论观察万事万物，亚里士多德以万事万物体悟真理，二人不过是切入真理的角度不同，绝不存在真理水平的高低问题。只是从学术大发展的历史潮流来看，亚里士多德作为后来者，还是站在柏拉图的巨人肩膀上，对哲学研究的发展作出了贡献。

著名哲学家恩格斯曾称赞亚里士多德为"古希腊最博学的哲学家"，因而对于亚里士多德的勤奋是世人公认的，而这也是他对自己的老师柏拉图的一种致敬方式。在追随柏拉图长达20年的时间当中，亚里士多德真正体会到了什么叫作"亦师亦友"，同时也体会到了柏拉图的厚望和使命感的重大。也许，亚里士多德作为后来者，否定老师柏拉图的一些理论令人诟病，但是对真理的不懈坚持,才是他对老师最好的追随和最高的敬意,而这也让他真正做到了"吾爱吾师,吾更爱真理"。

大师的价值不在于他的学术成果,而在于他的思考方式。面对自己所处的时代,大师做出了自己的思考,这些思考广远而深邃,能够让当世之人受用无穷。但是随着时移势易,大师所做的思考也会一点点失效,继承他们的思考方式去进一步发掘新的真理,才是柏拉图和亚里士多德留给今人最好的思考。因此,世界级著名学府哈佛大学有这样一条校训——与柏拉图为友,与亚里士多德为友,与真理为友。

—— 一代大师,千秋名徒 ——

柏拉图曾经说过,自己的其他学生只能算是柏拉图学园的身躯,而亚里士多德则是柏拉图学园的头脑。这句话是可以考证的柏拉图对亚里士多德的最高评价,显然他已经把亚里士多德当成了自己的继承者。而亚里士多德也确实没有辜负老师的殷切希望,他在学术研究上大胆创新,甚至不惜推翻老师柏拉图的理论,终于成为继柏拉图之后古希腊历史上的又一位大贤,为古希腊哲学的大旗传承做出了自己的贡献。

当然,柏拉图和亚里士多德之间并非毫无嫌隙,甚至可以说他们之间的嫌隙伴随了彼此的一生。在学术上,柏拉图对亚里士多德进行了充分肯定,在很多公众场合亦不吝各种赞美的言辞,但是在操行上却时常表现出对他的不满。比如柏拉图曾经说过,作为一名哲学家应该注重自己的内心修养,而不应该在衣着打扮上浪费时间和精力。但是生活经历使然,亚里士多德从来都是衣着光鲜,柏拉图对于这些旁枝末节也不能太在意,二人之间的这些小矛盾也就长期留存了下来。

以柏拉图的德行高远,仍然对亚里士多德颇有微词,柏拉图学园的学生对亚里士多德的做法就更看不惯了,因此给他取了一个"读书者"的绰号。这一绰号自然和亚里士多德酷爱读书有关,但实际上却隐含着另一层深意,即对亚里士多德的嘲弄。原来,"读书者"在当时并不是高雅的称呼,因为这一头衔往往给那些有知识的奴隶,他们要为自己的主人读书,这才有了

"读书者"的称谓专指为主人朗诵的奴隶。

对此，亚里士多德并不以为然，而且他不仅整日读书，还将柏拉图学园杂乱的书籍登记造册，按照共通的属性进行了分类。只可惜亚里士多德这一旨在为众人创造福利的做法并没有得到柏拉图的赞赏，至于原因其实很简单，那就是他不同意亚里士多德对图书进行分类的方法，或者说柏拉图认为那些图书应该按照其他的共通属性进行分类。后来，亚里士多德曾经向柏拉图提交了一份带有审核性质的图书分类方案，却如同泥牛入海般没有得到柏拉图的任何回应，想来柏拉图对于亚里士多德的做法还是有很大不满的。

尽管如此，师徒二人在很长一段时间里，都保持了基本舒畅的沟通关系，但是这并不代表他们之间没有矛盾爆发过，问题的起因来源于柏拉图挂在门口的那块写有"不懂几何者禁止入内"的牌子。事实上，挂这个牌子并非柏拉图的本意，而是有一些好事的学生借他的名义所做，但柏拉图旨在突出几何对于哲学研究的重要性，也就没有做出明确的反对。当然，对于那些不懂几何的学生，并没有真正禁止其入内，那块牌子更像是一种仪式性的象征。

但是亚里士多德并不这样想，他认为通向哲学之巅的道路有千万条，几何固然是一条良好的途径，却绝不能将其他道路一概封死。柏拉图对此没有做出明确回应，毕竟几何是他非常重视的一门学科，但其他老师和学生对柏拉图深信不疑，自然要对亚里士多德群起而攻之。让亚里士多德感到失望的是，柏拉图对于老师和同学们的"无理"对待，只是进行了象征性的调解，"不懂几何者禁止入内"的牌子也始终没有摘下来。

除此之外，柏拉图与亚里士多德之间还存在一处芥蒂，那就是亚里士多德对于一些哲学问题的刨根问底。通常情况下，追根究底是学者的必备精神，柏拉图对于其他学生的刨根问底也往往予以肯定。但是亚里士多德天资聪慧，尤其是在长期师从柏拉图之后，所提出的一些问题已经超出了柏拉图的解答能力。而亚里士多德却好似故意一样，经常在公开场合提问一些连他自己也不知道答案的问题，这自然能表现出他的学识非凡，却难免让神一般存在的柏拉图下不来台。

柏拉图辞世之后，有不少当世哲学大师预言，古希腊的哲学辉煌将由此终结。但亚里士多德却不止一次表示，真正的智慧不会随着柏拉图死亡，并且新智慧将取代旧智慧，更好地为世人提供服务。很多人都直言不讳地指出，亚里士多德所说的"新智慧"，其实就是指自己的智慧，因而对于他的说法进行了恶评，但这丝毫不能改变亚里士多德的态度，他甚至不惜为此和自己的同学进行激烈的争辩。

可以说，亚里士多德自18岁追随柏拉图开始，就从来没有停止过和老师的争论。但也正因为如此，他的学识才远远超过其他同学，以至于柏拉图不得不将自己的衣钵传给这个在感情层面并不喜欢的学生。亚里士多德似乎也对此心知肚明，因而从来不像其他同学那样，与柏拉图进行过分的亲昵，师徒之间除了学术探讨之外几乎没有任何交流。当然，亚里士多德和柏拉图之间的学术交流之深远，又是其他学生所无法比拟的。

只是"人非草木，孰能无情"，柏拉图在进入暮年以后，思维逻辑开始不可避免地走向僵化，甚至经常犯一些显而易见的低级错误。亚里士多德与柏拉图朝夕相处，对于老师的老去也是心中难忍，开始附和柏拉图的一些学术观点。然而让他没想到的是，自己顶撞了一辈子而从未生过气的老师，居然对自己破口大骂。原来，柏拉图也已经意识到自己的思维出了问题，但让他感到欣慰的是亚里士多德始终坚守真理，此时亚里士多德放弃原则自然让他无法接受。

因此，在柏拉图的人生最后阶段，可以说是他逼着亚里士多德继续和自己针锋相对，而亚里士多德也不得不忍痛遵从老师的意愿。由此可以看出，师徒二人对真理的追求可谓高于一切，但是在内心当中又对彼此隐藏着深深情谊，也只有如此看似矛盾又密不可分的师徒关系，才能将真理演绎得如此臻于完美。如今，我们很难说是柏拉图成就了亚里士多德，还是亚里士多德发扬了柏拉图的学说，但是这对千古难寻的大师级师徒，却早已传为哲学界的美谈，激励后世学者在哲学路上不断前行。

第六章
晚年生活：著述游历下的思想王国

柏拉图的晚年生活原本应该风平浪静，但是随着柏拉图学园培养的学生越来越多，以及这些学生在各国当中逐渐掌握权力，柏拉图的政治影响力也随之越来越大。因此，当早年故交迪翁掌权并发出邀请后，那些早已在柏拉图心中干涸的哲学王梦想终于被激活，以至于他重拾当年的少年意气，投身到了激流跌宕的政治活动当中。

—— 令人振奋的第二次西西里之行 ——

按照大多数史料的记载，柏拉图自公元前387年创建学园之后，便一直致力于教学和研究，通过学生间接参与政治活动，自己则深居学园不出。但实际上，柏拉图内心当中还是很想亲身参与到政治活动中去的，毕竟自己研究了一辈子的理论知识，运用到实际政治活动中究竟能收到什么样的成效，在他的心中始终打着一个不大不小的问号。

眼见自己已经进入暮年，阿启泰建立的哲学王国越来越频繁地出现在柏拉图眼前，这也让他参与政治活动的愿望越来越迫切。于是，在做好一番准备后，柏拉图开始通过自己的学生透露信息，想要得到各国统治者的邀请。让他没想到的是，学生们反馈回来的信息却多是一些敷衍之词，好像整个世界都已经忘记柏拉图的存在。原来，柏拉图早已被人们定义为一个师者，同时大多人也希望他留在柏拉图学园。

到底经历了太多世事，柏拉图很坦然地接受了与社会脱节的现实，同时也逐渐放弃了贤人政治的理论构架，转而开始建立法制社会思想。不难想象，作为一位旷世哲学大师，又培育了遍布天下的政治英才，柏拉图完全可以躺在自己的功劳簿上颐养天年。但是，在发觉自己已经与现实脱轨之后，他却依然改变固有的思路，转而开始走上全新的道路，其做法之可贵简直难以言表，而这也让他为整个欧洲社会的发展指明了新的方向。

可惜，上天并不希望柏拉图的晚年生活太枯燥，就在他已然放弃参与政治活动后，一个让他曾经苦苦追寻的机会忽然降临，而这次机会就来自将他变成奴隶的西西里。当然，此时的西西里已经改朝换代，曾经的统治者狄奥尼修一世战败辞世，他的儿子狄奥尼修二世登上王位。本来，狄奥尼修二世对柏拉图的学说兴趣索然，但是他的老师迪翁却力荐柏拉图，加之狄奥尼修二世想要赢得爱才之名，便向柏拉图发出了一封邀请函。

至于这位迪翁，早在柏拉图第一次前往西西里的时候，就因为政见相同结下深厚情谊，这才让他在柏拉图危难之际拼死相救。此时狄奥尼修二世上位，迪翁作为王师掌握了重要的政治权力，不仅完全具备了保证柏拉图安全的能力，而且有信心实现自己与柏拉图的共同政治理想，也就是像阿启泰那样打造出一个新的哲学王国。

除此之外，迪翁的年纪比柏拉图小很多，此时正是年富力强的时候，只要他能够坚守自己的初心，必定能够成就一番丰功伟绩。柏拉图尽管不再有什么政治雄心，但是仍然希望能够实现自己的政治愿景无疑，因而就算自己看不到一个哲学王国的诞生，也会被诞生后的王国之民永世缅怀。抱着这样的想法，柏拉图不顾老迈的身躯，力排学生们的阻拦，平生第二次前往西西里岛。

在后来的著作中，柏拉图曾经写到自己当时激动的心情，其言大意为自己又回到了 20 岁的时候，面对着唾手可得的理想跃跃欲试。可想而知，以柏拉图的思想修为和沧桑阅历，对于参与政治活动已然心如止水。但也正是因为这份心如止水，当来自狄奥尼修二世的邀请信在他心头激起涟漪后，很快就演变成了波涛狂澜，以至于让他体味到了 20 岁时的心境，毕竟没有什么事情比亲手缔造一个王国更令人感到激动了。

遥想当年，柏拉图游历四方归来，心中尽是踌躇满志，一门心思只想在西西里岛完成自己的哲学政治夙愿。可惜狄奥尼修一世非但不提供支持，反而连同迪翁一起进行斥责，柏拉图更是因此险些丧命，最终落得奴隶身份逃亡千里。若不是一路得贵人相助，柏拉图简直不敢想象自己的命运会陷入何种境地，多少次这些后怕都化作午夜惊梦留下一身冷汗。想到这些过往，柏拉图又隐隐生出一丝担忧，此时的迪翁尽管如日中天，却到底根基尚浅，如果他急着推行自己的政治主张，恐怕会因为难以消化各方的反弹而处于被动。

当然，柏拉图无论如何也不会因此打退堂鼓，他只是希望自己能够尽快去到迪翁身旁出谋划策，以便在他占尽绝对优势的时候一鼓作气完成夙愿。这个时候，迪翁派人送来的一封密信让柏拉图略为安心，狄奥尼修二世对他颇为倚重，已经让他开始主持政务改革。按照一朝天子一朝臣的亘古定律，改革的对象自然是手握重权的当朝老臣，因而迪翁执行的是狄奥尼修二世的政治意志。

换句话说，只要狄奥尼修二世不倒，迪翁就能够背靠大树，在帮助狄奥尼修二世坐稳权力宝座的同时，快速巩固自己的政治权力。更加可喜的是，柏拉图的政治学说在西西里颇受欢迎，再加之柏拉图的很多学生都受到迪翁重用，哲学王国的政治气象已经在西西里岛风气初现。如果事情能够顺利发展，柏拉图简直可以不费吹灰之力，便看到自己梦寐以求的哲学王国出现。

只是作为一位谨慎的哲学老者，柏拉图在回信中丝毫没有大意之言，他一再劝诫迪翁小心行事，越是在顺风顺水的情况下，越容易埋下致命的灾祸。将回信交给迪翁的密使后，柏拉图又给身在西西里的几个学生寄去信函，要求他们将西西里的政治动向日夜不间断地汇报给自己。为了加大胜算，柏拉图继续挑灯写信，将自己散落在各个国家的得意门生纷纷聚拢到西西里，希望借助他们的才华助迪翁一臂之力。

不得不说，此时的柏拉图已经下定了决心，誓必凭借此次政治机遇完成自己的理想，因为这已经是他最后的希望。站在乘风破浪甲板上，柏拉图露出了难得的笑容，在他的眼前已经出现一幅政治美景。在这幅美景之中，由哲学大师掌握社会权力，人们知书达理，互相谦让，彼此之间和睦融洽。那些蝇营狗苟之辈受到人们集体鄙视，直到被整个社会形成的巨大感染力教化，以至于整个社会充满活力，比阿启泰曾经建立的哲学王国还要光芒万丈。

—— 风雨飘摇路，一代大贤最后的辉煌 ——

出乎柏拉图的预料，当他来到西西里首都叙拉古时，整座城市洋溢着一派哲学风潮，而且更加难能可贵的是，数学被哲学家们提高到了空前的高度。然而，细心的柏拉图很快就发现这一切都只是表象，事实上哲学在西西里并没有得到真正的欢迎。原来，狄奥尼修二世登基后不久，发表了两篇哲学论文，以迪翁为首的哲学政治家们认为这是千载难逢的机会，认为此事标志着哲学在西西里已经成为至高无上的力量，毕竟国家最高权力者也开始以哲学家标榜自己。

只可惜，尽管狄奥尼修二世的哲学论文有明显他人代笔的痕迹，在哲学逻辑上仍然漏洞百出，这意味着他并不是一个真正信奉哲学的政治家。柏拉图和迪翁见面交谈后，也印证了自己的想法，狄奥尼修二世和他的父亲狄奥尼修一世并无大异，同样地好大喜功，同样地以杀立威，用高压手段压制人民服从自己的意志。重用迪翁，并且吸引柏拉图等当世大贤，只是他用来掩盖自己真实面目的伎俩，这一点就连迪翁也看得清清楚楚。

当然，迪翁并不认为狄奥尼修二世无可救药，这位在狄奥尼修一世时代仍然能够左右逢源的哲学政治家，坚信自己能够在狄奥尼修二世时代完成自己的政治梦想，而他的赌注就押在了改造狄奥尼修二世上。不得不说，迪翁是一个聪明的政治家，他知道自己的能力和声望不足以改变狄奥尼修二世，于是在帮助他成功登上王位后，所做的第一件事就是邀请柏拉图前来叙拉古，帮助他改造狄奥尼修二世的思想。

直到此时，柏拉图才明白自己的使命仍然是做老师，只不过是从柏拉图学园转移到叙拉古宫廷，授课的对象从一众学生变成了狄奥尼修二世一人而已。柏拉图从未怀疑过自己的教学能力，同时也认为通过改造狄奥尼修二世的方式间接实现政治愿景，也未尝不是一个可以尝试的办法。然而，在经过简单的接触之后，柏拉图已经能够认定狄奥尼修二世根本不可能接受改造，他已经继承了父亲狄奥尼修一世的整套思想，不管柏拉图怎么努力，最终也只能是竹篮打水一场空。

不过，也许是抱有一丝侥幸心理，也许为了报答当年的救命之恩，柏拉图最终还是答应了迪翁的请求，就此加入了叙拉古的宫廷争斗之中。在当时，整个朝堂大体可以分为两个政治派别，以迪翁为首的一派主张政治改革，而改革依据就是柏拉图的哲学思想，同时聘请柏拉图为政治改革的总顾问。以腓力图斯为首的一派则反对政治改革，主张延续狄奥尼修一世时期的政治路线，认为"柏拉图们"只是一些纸上谈兵的空想家，其政治主张并不能应用到实际事务中。

一番周旋下来，柏拉图又发现了一个更加严重的问题，即不仅狄奥尼修二世无心推行哲学政治体制，同时国家的真正权力也并不在他手中，而是在腓力图斯等守旧的老臣手中。之所以迪翁会受到重用，完全是狄奥尼修二世的权宜之计，目的就是培养出一股反对腓力图斯等人的新生力量。退一步讲，哪怕这股力量不能够为自己所用，也能够对腓力图斯等人形成制衡，方便狄奥尼修二世从中坐收渔利，这才有了此次对柏拉图的邀请，说白了就是要引入国际哲学界的力量。

国际哲学界的理论是不容小觑的，因为经过数十年的发展，国际哲学界已经发展成为根系众多的体系，其中不乏一些哲学家出身的将军，他们也是以国际哲学界为背景。从当时的情况来看，狄奥尼修二世也确实达到了自己的目的，就在柏拉图启程前往叙拉古的同时，哲学王阿启泰就发表声明支持狄奥尼修二世。此举立即引发国际哲学界对狄奥尼修二世的一边倒式的支持，以至于腓力图斯等人不得不尽量低调，这才有了柏拉图抵达叙拉古时一派繁荣的哲学气象。

然而，在利益尤其是在生死存亡面前，再愚笨无知的人也会生出无穷智慧和勇气，何况是腓力图斯等老资历政客。在分析了基本情况后，腓力图斯认为国际哲学界的力量不是自己能够抵抗的，因而无法对柏拉图采取行动，但是这并不代表不能对另外一个关键人物迪翁采取行动。而想要对迪翁采取行动，最好的办法莫过于借助狄奥尼修二世之手，这就仅仅是一场政治交易的事了。

接下来，就在柏拉图帮助迪翁积极制订改革方案的时候，腓力图斯开始向狄奥尼修二世频频示好，同时在政治权益上做出了极大的让步，条件当然是对迪翁不利。狄奥尼修二世本来就是把迪翁当成了一个工具，既然腓力图斯已经做出了让步，他的政治构想就已经得到了验证，毕竟此时他能够培植一个迪翁出来，明天就能够培植出第二个"迪翁"出来，腓力图斯等人已经不再被他放在眼里。

就这样，狄奥尼修二世亲自罗织罪名，对迪翁发起了一系列致命打击。此时的迪翁毕竟羽翼未丰，狄奥尼修二世又是他最主要的支持者，突遭非难之下毫无还手之力，一夜之间就从世人瞩目的新星变成了不可饶恕的罪人。好在柏拉图及时发力，他知道自己代表的是国际哲学界，狄奥尼修二世和腓力图斯等人不敢乱来，于是毅然为迪翁垫后，并动用多方力量一直将其护送到柏拉图学园。

如此一来，柏拉图再次成为西西里的囚徒，好在此时的他有整个国际哲学界作后盾，腓力图斯也只能以求贤之名将他软禁。然而，腓力图斯还是小看了国际哲学界的力量，一向以平和示人的阿启泰一改常态，率先派出大军陈列西西里边境，其他国家在哲学政治家的极力运作下，也或多或少派出军队讨伐狄奥尼修二世。再加上狄奥尼修一世四处征战，给狄奥尼修二世留下了一个四面楚歌的烂摊子，想要对西西里不利的国家几乎呈一拥而上之势，死敌迦太基人更是做足了乘虚而入的打算。

—— 峰回路转，转瞬即逝的辉煌 ——

柏拉图被狄奥尼修二世软禁之后，基本与外界的消息隔绝，对于国际哲学界的风起云涌更是毫不知情。至于狄奥尼修二世最终将如何处理自己，柏拉图也做了最坏的打算，毕竟这位君王的父亲曾经想过处死自己，并且最终将自己作为奴隶发配千里之外。然而，柏拉图意识到了这一点，阿启泰作为世界哲学界的泰山北斗，也清楚地意识到了这一点，于是他在公元前360年孤身犯险，亲自前往叙拉古向狄奥尼修二世索要柏拉图。

当然，阿启泰是有底气的。为了营救柏拉图，他不仅做了多方运作，在军事上对西西里形成泰山压顶之势，而且还向狄奥尼修二世抛出了一个诱人的条件，即支持他夺取西西里的社会权力。狄奥尼修二世到底年轻，政治经验完全不能和阿启泰同日而语，他以为阿启泰只是为了营救柏拉图，而不得不以支持自己作为交换条件，却不知道阿启泰已经在为夺取西西里做准备。

简单来说，狄奥尼修二世想要成为西西里的真正主人，必须大幅削弱腓力图斯等人的政治势力，同时培养忠于自己的亲信力量。但值得注意的是，狄奥尼修二世只能削弱腓力图斯等人的政治势力，而不是将他们彻底铲除。原因很简单，腓力图斯尽管是他的政敌，但毕竟是西西里的政治力量，在遇到外敌入侵时会坚定地维护西西里的利益。只可惜狄奥尼修二世只盯着自己手中的权力，对腓力图斯等人早已是恨之入骨，再加上他手握西西里最高社会权力，一鼓作气之下便将腓力图斯等人赶尽杀绝，导致西西里的国力严重内耗。

但不管怎样，柏拉图在此次政治风潮中算是全身而退，成功回到了柏拉图学园。只是让他没想到的是，迪翁不仅没有因为政治斗争落败而颓靡，反而变得激进敏感，并且已经在阿启泰的授意下开始打造自己的军事力量。对于迪翁的做法，柏拉图学园的师生分为立场明确的两派，一派认为迪翁的做法有损哲学家风范，一派则认为哲学在特定的历史环境下也需要适度的武装。而此时的柏拉图年事已高，对于两派的辩论采取了和稀泥的态度，实际上他既知道迪翁的做法不可取，又将自己一生的希望寄托在了他的身上。

公元前357年，迪翁率军攻入西西里，在国际哲学界的帮助下一路凯歌高旋。而此时的狄奥尼修二世正忙于剿灭旧势力的反扑，另一方面还要提防迦太基人的不利，对于迪翁的进攻居然毫无招架之力。同年12月，迪翁在经过充足准备之后，对叙拉古发起冬季攻势，里外夹击之下轻松击溃守军，从此成为叙拉古的新主人。迪翁登基称王，第一件事就是邀请柏拉图再次前往西西里，同时也做出了国相级的礼遇，柏拉图由此迎来了人生中最辉煌的一页。

应该说，得到迪翁掌权的消息后，柏拉图是喜出望外的。一生受尽挫折和苦难的他早已不知上天眷顾为何物，对于迪翁率军攻打叙拉古并没有抱什么希望，因而对迪翁只是做了一些象征性的支持，想不到最无意的一次努力居然收到了惊天的效果。为了帮助迪翁尽快稳定政权，柏拉图以年过七旬的高龄，舟车不停地赶往西西里，却在即将抵达叙拉古的时候得到了一个噩耗，迪翁被其手下的一位将军弑杀了。

众所周知，对于任何一个人而言，最可怕的事情不是没有希望，而是希望触手可及之后的失望。如此巨大的心绪波动，对于一个承受能力强大的中年人尚且沉重，对于此时的柏拉图来说就可想而知了。柏拉图一生经历磨难无数，早在创办柏拉图学园之际，就已经做好了一生为师的打算，并没有太大的意愿参与政治活动。但强烈的哲学愿望又让他始终不能彻底放弃，何况阿启泰的成功案例就摆在那儿，这才让他有了三次西西里之行，没想到就在第三次最接近成功之际，梦想还是彻底破灭了。

心灰意冷的柏拉图最后一次跨上坐骑，被学生保护着来到叙拉古城外的山峰上，放眼望向自己的梦想差点实现的地方。此时，迪翁虽然已经被刺死，其手下争权夺利的战火还没有熄灭，整座城市一片火光冲天，来自地狱般的嘶吼声隐隐传入柏拉图的耳中。一声长长的叹息之后，柏拉图留下几个精明的学生去为迪翁料理后事，自己则缓缓掉转马头，走上了返回雅典的道路。

如同我国历史上那些"陈胜""吴广"一样，政治经验不足的迪翁每天只想着摧毁旧的势力，而从来没有仔细考虑过如何建立新的秩序，如此在他成功驱逐狄奥尼修二世后，完全陷入了四顾茫然的境地。矛盾论告诉我们，任何一个组织如果失去强有力的外敌，就会立即陷入剧烈的内部斗争之中，迪翁的势力也未能逃脱这一魔咒。率部进入西西里之初，迪翁为了尽快壮大自己的势力，采取了柏拉图的建议，广泛招降各方反对狄奥尼修二世的势力。

这一做法在当时的政治环境下本无不妥，但是在招降这些势力之后，迪翁并没有对他们进行整编吸收，而是让他们继续独立存在，甚至允许他们仍然留在自己的地盘上。果然，最先出问题的正是这些势力，他们拿了各方反对迪翁者的好处之后，立即竖起反旗，很快就乱了迪翁的军心。对于如何处理这些反叛者，迪翁的手下分成两大阵营，双方在随后的战争中互相拆台，以至于嫌隙越来越深，忙于调和的迪翁两边不讨好，最后居然落得个被属下弑杀的下场，也难怪柏拉图为他的死耿耿于怀。

史料记载，迪翁的死比苏格拉底的死对柏拉图打击更大，或者说苏格拉底的死让柏拉图成熟起来了，而迪翁的死则让柏拉图迅速衰老了。尽管没有一夜白头的传奇，但每天围在柏拉图身边的学生还是明显感觉到，他们敬爱的老师再也不是那个精神矍铄、自信十足的长者了。的确，柏拉图变得精神恍惚、眼神涣散，不仅时常被噩梦惊醒，就连白日里也时常说一些不着边际的话。学生们出于担心试着与他沟通，柏拉图又表现得很平静，以至于学生们渐渐相信他没什么大碍，只要稍加调养之后，一定能够变回那个睥睨天下的柏拉图。

—— 开怀饮宴后的无疾而终 ——

从西西里归来之后,柏拉图开始长时间地闭门不出,就连每天的饮食都是让人给他送到房中解决。作为柏拉图学园的精神领袖,以及整个国际哲学界的泰山北斗,无数人的眼睛都在盯着柏拉图,他的学生尤其充满担忧。柏拉图不是不知道大家的担忧,但是他的心绪过于低落,如果不好好调整一番就投入到工作中,反而会对大家造成更加负面的影响。好在迪翁之死对他的打击并不像大家想象的那么严重,毕竟柏拉图早已过了知天命的年纪,对"尽人事,听天命"的道理深有体悟。

回到柏拉图学园之初,柏拉图的心情甚至还不错,因为他在路上患了一场大病,几次以为自己将无法活着回到雅典。因此,在看到熟悉的柏拉图学园之后,蒙在他心头的阴霾几乎一扫而光,只是想到自己的政治理想终将无法实现,才始终无法回转心情,百无聊赖之下也就连门都懒得出了。学生们经过一番研究后,决定对症下药,帮柏拉图接受了一些社会活动的邀请,希望能够借此打开他的心结。

柏拉图作为雅典的名人,日常受到的活动邀请自然不少,但是潜心学问的他向来对这些邀请能推就推。开始帮助迪翁改革之后,柏拉图为了助其造成更大的影响力,同时募集更多的活动经费,柏拉图参加社会活动的次数开始明显增多。迪翁率部回国夺取政权胜利之后,柏拉图参加社会活动的频率达到了一个高峰,其中不乏一些人头攒动的集会,柏拉图受欢迎的程度简直可以和当年苏格拉底演讲时相媲美。

然而，从西西里落败而归后，来自社会组织的邀请开始大幅减少，尽管哲学界对柏拉图的欢迎热度并没有减退。于是，在接到一所贵族学校的邀请之后，柏拉图稍作推辞之后还是应了下来，并在学生的帮助下完成了一场出色的演讲。在此之后，柏拉图渐渐从迪翁之死的阴影中走出来，开始了一边著述授课一边外出演讲的平静生活，那个始终在他的怀中揣着的政治理想也开始渐渐冷却下来。大概是为了让自己保持一颗平常心，或者是为了让自己更加接地气，柏拉图甚至开始参加一些友人的聚会，这就让他越来越受到人们的欢迎。

纵观柏拉图的一生，这个阶段显然是其进行哲学创作的黄金时期，这不仅表现在著作数量的增长上，同时也表现在其经验智慧的丰富上。每次外出演讲，赶来倾听的学生都会把会场围个水泄不通，时而爆发的掌声和欢呼声，常常让柏拉图感到精神恍惚。好像自己回到了那个少不更事的年纪，夹杂在众人当中倾听老师苏格拉底的演讲，只是眼前的景象早已物是人非，站在会场中央的人也变成了自己，一种前所未有的孤独感忽然击中了柏拉图。

想当初，柏拉图看着台上意气风发的苏格拉底，曾无比憧憬自己能够成为像他一样的人物。可到了此时此刻，当自己真的成了"苏格拉底"，那份心潮澎湃的感觉却早已消遁得无影无踪，好似自己从未有过这样的梦想。这让柏拉图忽然意识到，如果迪翁没有被刺身亡，而是在自己的帮助下政治改革成功，自己随之实现了长期的政治理想，其结果大概也与此时的心境并无二致。

为了得到验证，柏拉图还写信给阿启泰，向他详细讲明了自己此时的心态。结果不出他所料，劳碌一生的阿启泰在权力之上非但早已没了怦然心动的感觉，而且早已感到心神俱疲的无奈，此时的他甚至羡慕街边乞丐，因为他们每天都能无忧无虑地享受太阳赐予世间万物的温暖和光明。就这样，在经历了莫大的孤独之后，柏拉图开始变得越来越了无生趣，以至于酗酒成为他生活中的重要组成部分。

酗酒除了能够麻痹神经，还有一个好处就是刺激灵感，这也是柏拉图晚年创作出大量优秀哲学作品的重要原因。然而，早已不再年轻的柏拉图又经历一场大病，酗酒却也严重损耗着他的身体健康，但柏拉图对自己的生命似乎已经漠不关心了。为了在生前完成自己的全部著作，柏拉图开始打破以往的生活规律，越来越肆无忌惮地透支自己的精力。学生们与柏拉图的哲学造诣相差太远，仅仅亚里士多德能够在著作方面帮上一点忙，但这对于柏拉图是远远不够的。

不知从何时起，柏拉图开始越来越频繁地对身边人提起苏格拉底，提到师徒二人最初相见的情景，提到他们一起生活的点点滴滴。这些回忆琐屑而无趣，很多时候根本就是柏拉图一个人在自言自语，一众学生中除了亚里士多德始终保持足够的耐心，其他人难免变得越来越不耐烦。终于，在完成了最后一部著作之后，柏拉图一下子变得沉默寡言了，包括亚里士多德在内，不管学生们想到什么办法，柏拉图都只是摇头或者点头，最后甚至连门都不让学生们进了。

此时，身体和思路的衰减，已经让柏拉图嗅到了行将就木的气息。这位跨越了两个世纪的老人终于静下心来，再也不去思考任何事情，亚里士多德每天守在门外，仅能听到的也不过是深夜里的几声叹息。柏拉图生命最后的时光是平静而祥和的，虽然因为史料颇具争议的记述，使得我们无法确定他临终时究竟是一番怎样的光景，但可以知道的是，一直到生命的最后，这位伟大的哲人也从来停止过关于生命与死亡的思考。

关于柏拉图之死，流传最广的记述有两种：

一说柏拉图是在工作中溘然长逝的，他和以往一样，正全身心地投入在写作中，或许那时的他已经有了某种玄妙的预感，也或许那时接近死亡的他已然参透生命的意义。他平静地离去了，在他一生坚守的工作岗位上。

另一说是柏拉图临终前兴致勃勃地参加了一位弟子的婚礼，他微笑着，看着那些生机勃勃的年轻人在一起纵情欢歌，畅快饮酒。突然，他感觉到一丝的疲惫，于是离开热闹的人群，坐到一把椅子上休憩。在热闹与欢歌中，柏拉图这片刻小小的休憩成为了永恒，他就这样安详地坐在那里，渐渐远离热闹，长眠而未起。他双眼轻阖，如同在思索着生与死，天上与人间的玄妙问题，仿佛在灵光一闪之际，依旧会和从前一样，再次张开那双清明睿智的眼睛……

Part 2

「 永不磨灭的著述

柏拉图思想精述 」

第七章
《美诺》：关于美德的传播和理性哲思

《美诺篇》也被称为《论美德》，所论述的内容主要包括什么才是真正的美德，以及一个人的美德是否能够传授给他人。整部作品采用一问一答的形式，主人公包括美诺和柏拉图的老师苏格拉底，柏拉图在此是想借苏格拉底之口向世人传达自己的思想。需要说明的是，虽然美诺是提问的一方，但他也有自己的观点，因而一问一答其实更像是一场辩论。

—— 什么才是真正的美德 ——

本书一开始，柏拉图就借美诺和苏格拉底的一问一答，开宗明义地讲明了自己对美德的观点，即美诺问：美德可以传授吗？苏格拉底回答：肯定不能，因为美德究竟是什么都没人能够说清，美德又怎么可能进行传授呢？很显然，美德在柏拉图看来是一种哲学真理，因而是一种只可意会不可言传的东西。如果一个人能将美德讲清楚，必然要设定这样或者那样的前提条件，而这些前提条件一旦发生改变，这个人所讲的美德也就不再适用了。

但美诺似乎并不这样认为，他列举了一系列具体的美德表现，据此说明美德是切实可见的东西，因而也是可以进行传授的。苏格拉底的回答很有意思，他说美德是一个完整的统一体，并且会时刻随着外界环境的变化而变化。退一步讲，即便外部环境没有发生变化，为了维持自身的动态平衡，美德也会在内部不断发生变化。为此，柏拉图还列举了一个例子，他把美德比喻成一面镜子，这面镜子能够照射出一个完整的人像。而美诺的做法则是把这面镜子打碎，看似每个碎镜片都能照射出一个完整的人像，其实早已变得支离破碎。

接下来，美诺又提出一个观点，即就算美德是无法说清和传授的，那么至少在大方向上可以肯定它是向善的。对此，柏拉图还是借苏格拉底之口进行了否认，理由是生活在这个世界上的每个人都是向善的，但十恶不赦的坏事却从来没有停止发生。事实是，人们眼中的好人也会在特定的环境下做坏事，而人们眼中的坏人也会在特定的环境下做好事。简言之，人可以在短期内做出改变环境的事情，但长期来讲人还是受环境影响的，或者说环境对人的影响更大一些，所谓"人是环境的产物"。

就在美诺心灰意冷之际，苏格拉底却话锋一转告诉他，美德并非不可探求。只是探求的过程并不像他想象的那么容易，而且最终探究的结果很可能也与人们想象的大相径庭，同时这一过程很可能还要寻求神明的帮助。在此，柏拉图提出了一个神乎其神的观点，即一个人是拥有前世来生的，如果一个人能回忆起前世的事情，或者能够为来生做好准备，他就能够拥有超越时空的智慧，从而称为美德的化身。作为例证，柏拉图提到了一些人的天赋，比如对于某些知识的学习，有些人能够一点就透，但有些人却可能穷其一生依旧糊里糊涂。

美诺曾经历过一件奇怪的事情，他被一个几何问题困扰良久，多方寻求帮助仍然无法得到完美的答案。一日，他闲来无事，漫无目的地在院子里散步，忽然发现一个孩子拿着树枝在地上写写画画。美诺一看之下不免大惊，那些重叠罗列的几何图形，不正是自己苦苦寻找的答案吗？此刻居然出现在一个不谙世事的小孩手中。后来，美诺将这个孩子奉为神童，不仅亲自进行教导，而且为他遍访名师，孩子的天赋也确实得到了验证。苏格拉底以这个孩子的天赋作例，说出前生来世的一套理论，也就不由得美诺不将信将疑了。

为了说服美诺，苏格拉底并没有停止论述。他把问题直接拉回到二人面前，直接告诉美诺说：你以为自己变聪明是努力学习的结果？那怎么不去看看那些愚笨的人，他们比你更加勤奋好学，到头来却仍旧无法摆脱愚笨的标签。面对现实吧，你变聪明只是因为你距离上帝更近了，而这也意味着上帝允许你得到更多关于前生的信息。换句话说，你在前世为今生做了必要的准备，才是你称为现在的自己，而且只要你继续努力探寻下去，一定能够在来生或者来生之后的某个来生拥有至高无上的智慧，届时你也将成为美德的化身。

这里可以看出，柏拉图将美德推到了超现实的高度，这样做固然有其所处历史时代的局限性。但是柏拉图将美德和一个人的天赋联系起来，却为我们提供了一个宝贵的信息，即他所理解的美德绝不仅限于美好的道德操守，而是更侧重于智慧和才干，当然这里主要还是指一个人的哲学成就。在柏拉图看来，一个人能够获得怎样的成就，是由其天赋决定的，或者说在他出生那天就已经注定了，说到底一个人的美德就是他的天赋。

那么问题来了，如果一个聪明绝顶的人从小生长在坏的环境里，他的智慧全都成为作恶的源泉，难倒他也是一个拥有美德的人。对此，苏格拉底并没有给出明确的答案，只是企图岔开话题含混过去，也就是说柏拉图对于美德的观点是存在矛盾的，这一点在《美诺篇》中还有一个重要例证，那就是阿尼图斯的出现。他的观点直截了当，如果想让一个人成为医生，就应该让他去找一个医生学习；如果想让一个人成为乐手，就应该让他去找一个乐手学习；如果想让一个人成为鞋匠，也应该让他去找一个鞋匠学习，如此种种。

苏格拉底无以辩驳，只能就事论事。他首先肯定了阿尼图斯的论点，即一个人想要成为某个行当的专家，完全可以向这个行当里的先行者请教，让他们传授一些经验给自己。但哲学家是一个先行者无数，却依旧道路漫长的行当，即便你超越了古往今来所有哲学家，接下来还是要走上没有尽头的道路，那么这个时候又有谁能够传授给你经验呢？换句话说，你能够依靠的还是只有自己，只要你想在这条路上继续走下去。

众所周知，柏拉图的早期著作只是在整理老师苏格拉底的思想，因为苏格拉底一生忙着四处演讲，虽然涌现出了无数光芒万丈的思想，却从未拿起纸笔记录下来。《美诺篇》虽然是柏拉图中期的一部作品，但可以看出还是比较靠前的，因而尽管多是他自己的一些哲学观点，却仍旧不同程度受到苏格拉底的影响。对于苏格拉底的哲学贡献，柏拉图的学生亚里士多德曾经做出评价——在伦理问题中求得真理，为普遍事物谋取定义。

因此，苏格拉底对于美德所做的工作仅仅是奠定基础，他试图将自己对万事万物的理解说清楚，并最终整体命名为美德二字，目的仅仅是为了让后人循着他的脚步继续走下去。这就如同一个人开辟了一条道路，但这条道路远远没有抵达终点，因而需要后来的人继续开辟下去。至于何时才能抵达终点，其实是一个伪命题，因为哲学家所做的研究虽然虚无缥缈，但实际上也是在为现实社会问题服务。既然这样，只要他们开辟了新的道路，就会为社会发展铺设好轨道。那个所谓的"目标"，就像是挂在驴子面前的胡萝卜，看似触手可及，实际上永远不可能咬到嘴里，而这正是苏格拉底、柏拉图和亚里士多德高明的地方。

"相"的观念诞生

如同所有哲学家一样，柏拉图也试图建立一个独特的理论，从而对自己的哲学思想进行阐述说明，而他所建立的这个理论就称为"相"，在其整个哲学思想体系中具有创始性的重要地位。因此，研究"相"是研究柏拉图哲学思想的关键，这就如同我们研究老子思想首先要弄懂"道"的含义一样。如果我们能够弄懂这个最为核心的观念，接下来的研究工作将如有神助，相反，如果我们不能弄懂这一观念，则会处处陷于被动，最终也难免会在研究的道路上迷失方向。

在美诺与苏格拉底的对话中，美诺最想要弄清的就是美德能否传授，但苏格拉底却说想要弄清美德能否传授，首先必须弄清美德是什么。如果这个问题不能得到完美解决，那么后一个问题将无从着手，即便找到了貌似正确的答案，也必将禁不住智者的推敲。这样一来，柏拉图想要探讨的问题就变成了什么是美德，整个《美诺篇》也开始围绕着这个课题展开讨论。

经过苏格拉底的循循引导，美诺开始对美德进行分门别类的整理，其指出最主要的对象是男人和女人。其中，男人的美德是管理政治事务，而女人的美德则是管理家庭事务，男女之间分工合作、分主内外，通力完成整个社会的管理工作。除此之外，美诺还对不同的人规定了不同的美德，包括老人、孩子、公民、奴隶等，并且每个人在不同的时间段，面对不同的工作，还应分别遵守不同的美德。

对此我们不难发现，柏拉图在此阐述的观点与我国的儒家思想有异曲同工之妙，所谓"三纲五常"是也。通俗来讲，就是把所有人都划分为不同的类别，然后对每个类别的人规定相同的准则，并且通过社会舆论和法律惩戒相结合的方法，使所有人切实遵守。这种做法不仅方便统治阶层对社会实施有效管控，而且每个行业之间的传承会比较高效，因为各个行当基本都会子承父业，从而以血缘关系确保各项技艺的传承和精进。

然而，柏拉图对此显然并不认同，他借老师苏格拉底之口表示，美德只有一个相同的标准，至少不同的美德之间都存在共通的东西。即便对美德进行肢解，不同的美德之间也会存在相同的特点，而这个最为核心的特点就可以称为"相"。美诺对此表示疑惑，他知道如何在同一类中找到相同特点，却不知道如何在不同类别的人身上找到相同特点。好比所有的医生都能治病救人，所有的老师都会教书育人，而医生和老师之间能有什么共同特点呢？即便他们的身上存在共同特点，又如何与美德联系在一起呢？

对于美诺的疑惑，苏格拉底以"健康"为例进行论述。即无论是医生还是老师，抑或无论是男医生、女医生、年轻医生、年老医生（老师同），只要他们都是身体健康的人，那么就一定会表现出相同的特点，比如声音洪亮、双目有神、肤质嫩滑等，而这些特点就是他们共有的"相"。对美德的理解同样也是如此，不管是什么样的人，只要他们具备美德的标准，那么就一定存在相同的特点，或者说他们就一定有相同的"相"。

相同的道理，一个人的自身发展过程，也可以在他的身上找到"相"的存在。比如一个聪明懂事的孩子，从小就非常勤奋好学，那么只要经过必要的教导，他就可以被培养成为一个有用之才。相反，如果是一个愚笨任性的孩子，从小就养成了各种劣习，那么他在长大之后很可能也会成为一个无用之人。从这里也可以看出，所谓"相"是没有好坏的，一个人从小到大的"聪明懂事"和"勤奋好学"是贯穿其人生的"相"，一个人从小到大"愚笨任性"和"劣习无数"也是贯穿其人生的"相"，但通过"相"却可以判断一个人是否具有美德。

美德一定是相同的，也正因为如此才能称之为美德，而这里所谓的相同是超越一切类别和界定的，并不会随着世俗的眼光而发生任何改变。为了将这个问题说清楚，柏拉图还讲述了一个小故事：一个富翁和他的情人来到沙滩度假，忽然看到一个躺在路边的乞丐，情人觉得他非常可怜，便央求富翁对其进行施舍。富翁上前询问乞丐，是否想要一份薪酬可观的工作，却不料乞丐反问他薪酬可观的工作有什么用？

富翁感到莫名其妙，找一份薪酬可观的工作，当然是为了赚更多的钱？不料乞丐仍然反问他，赚那么多钱有什么用？富翁已经有些不耐烦了，但还是耐着性子告诉乞丐，如果能够拥有很多钱，就可以心情舒适地享受沙滩和阳光了。乞丐觉得莫名其妙，他告诉富翁此时的自己正在心情舒适地享受沙滩和阳光，实在不知道为什么要绕那么大一圈子之后，再回来享受沙滩和阳光。富翁好像忽然明白了什么，于是略带羞愧地说出了最后一个问题，即能为乞丐做些什么，而乞丐只是淡淡地让他尽快离开，不要打扰自己继续享受沙滩和阳光。

柏拉图之所以将事物的相同特点称为"相"，就是要告诫那些苦苦探寻美德是什么的人们，"相"离我们每个人并不远，甚至就蕴藏在我们每个人的身边。如果我们想要找到真正的"相"，不是去外界盲目地寻找，而是静下心来反观自我，倾听内心的呼声，找到自己真正想要的东西。在上述的小故事中，乞丐和富翁都在享受阳光和沙滩，他们得到的幸福感是相同的，富翁自以为比乞丐优越，是因为他沾染了太多世俗的东西，毕竟对于懂得克制欲望的人而言，满足温饱就已经是一件值得开心的事情了。

至于那个乞丐，尽管他并不是什么哲学大师，甚至连哲学是什么也不知道，但可以肯定的是哲学家们追求的正是他所拥有的心境。哲学家追求乞丐拥有的心境，这样的说法看似莫名其妙，事实上却值得我们深思，因为不管我们想要成为一个什么样的人，最终的目的都是成为一个快乐的人。如果我们的努力与此初衷不符，甚至明知道最终的结果会不尽如人意，那么继续下去的做法无疑是不明智的，而原因无疑是因为我们脱离了对"相"的正确认识。

因此，我们对于"相"的解读也应该有了一个清晰的结果，即所谓的"相"就是世间万事万物的本质，是我们无论在何时何地都应该看清的东西。故事中的富翁何以认为自己很优越？是因为他觉得乞丐不幸福，那么他又何以认为乞丐不幸福？说到底是因为他没有认清真正的幸福是什么。从纯粹的哲学角度出发，乞丐、富翁对于沙滩和阳光而言并没有什么不同，如果有也仅仅是乞丐、富翁面对沙滩和阳光的感受不同。此刻，既然他们都是幸福而满足的心情，那么就说明他们具有相同的"相"，或者说他们都拥有最本真的幸福。

而作为一位哲学家，必须有能力在众多繁杂事务中找到共同本质，从而抓住事务运转的规律为自己提供行事依据。比如精神交流能够产生更多的智慧和更高境界，但是饮食和肉欲是人性最主要的组成部分，如果违背这两样基本的事务运转规律，那么精神交流将注定是短暂和虚伪的，因而也就不存在真正的精神交流了。认清这一点，当我们想要让人们进行精神交流之前，必须让他们满足温饱和肉欲问题，否则所有的努力都将收到适得其反的效果。至于这里所说的饮食和肉欲，也是整个人类共同拥有的"相"，是所有美德形成的重要基石。

学习和回忆的关系

在这篇内容中,柏拉图明确提出了一个观点,即学习就是回忆,而学习或者说回忆的过程就是获得美德的过程。至于美德是什么?尽管柏拉图已经借苏格拉底之口说清,也就是万事万物的本质,但是为了给人们提供更多的参考信息,以及得到更多的探究思路,柏拉图还是对美德进行了另外的论述。美诺问苏格拉底,人们只能认识万事万物的表象,其本质是什么往往没人能够说清楚,甚至就连找到了它也可能相见而不相识,既然如此又让人们如何去寻找它呢?

在此,柏拉图还引入了苏格拉底的一个观点,即一个人不能研究他认识的东西,也不能研究他不认识的东西。因为认识的东西无须研究,而不认识的东西则无法研究,所以学习的真谛并不是研究外物,而是发现本真的自我。那么新的问题出现了,我们每个人对自己了解吗?一个客观的事实是既了解也不了解。以身体为例,我们对自己的身体当然再熟悉不过,但是我们的身体是如何工作的?我们应该采取怎样的饮食和行为习惯,才能让自己的身体更好地运转?恐怕是很多人都会感到陌生的问题。

同样以身体为例,如果我们能够真正了解自己的身体,就能够养成健康的饮食和行为习惯。对于我们而言,这也就成了对自己身体的了解过程,如果能够切实遵循,也就具备了对保护自己身体的美德。进一步讲,一个人只有懂得如何爱护自己,才能懂得如何爱护别人,然后继续推而广之,去爱天下的所有人。这也是柏拉图不主张去学习和研究外物，而提倡向内关照自己内心的原因，因为我们如果连自己都不了解，也就谈不上了解其他事物了。同时，我们作为世间万物的一员，当我们能够真正了解自己之后，至少能够更好地了解万物。

柏拉图在这里还提到了一个祭师，这种职业在今天已经基本退出历史舞台，但是在政教合一的当时社会，却始终占有一定的地位。在这一点上，柏拉图显然也没有免俗，事实上当初阿里斯托芬的那个关于"完整人"的说法，即已经掺杂了灵魂的色彩，柏拉图将其引入自己的学说当中，已经足以表明他对灵魂思想的态度。那么，祭师和学习有什么关系呢？这就又提到了柏拉图的前世来生说法，他相信一个人的灵魂是永生的，只不过是在不同的生命体之间持续传递。

而所谓灵魂，其内核其实就是一些记忆，一个人的记忆会在死后"打包封存"，记入灵魂当中。当这个灵魂开始新一轮的生命之后，前生的记忆并不会随机"打开"，而是需要通过必要的修为才能得到。而且这个过程十分漫长，往往需要一个人经年累月的坚持，才能渐渐找到"前世的自己"，当然也就打开了天才的盒子。换句话说，一个人学习的过程，尤其是成为大师的过程，其实就是回忆前生之自我的过程，由此柏拉图便为我们展开了学习和回忆的关系。

我们从此也可以解读出一个隐藏的信息，即柏拉图所说的美德，其实是一种智慧，或者也可以称之为经验。什么样的经验和智慧才是宝贵的呢？答案就是超越时间和空间的智慧，而这样的智慧显然不是一个人在一生中能得到的。抛开历史的局限性，柏拉图所讲的智慧和经验是整个人类的宝贵财富，同时也正因为如此才能始终得到发展进步。一个人得到智慧和经验的启迪，尽管可以归结为其自身天资的展露，但同时也不能忽视先行者留下的宝贵知识财富，后来者只是将这条路越走越宽、越走越长远而已。

从渊源上来讲，柏拉图关于学习的"回忆说"，其实来自奥菲斯教的"灵魂不朽"，或者说灵魂是可以不断转世延续的。一个人如果经过必要的修为，就能够为自己的灵魂注入更多智慧，这不仅能够让他在今生获得更多、更大智慧，也能够让自己的灵魂更加强大，从而在来世更容易得到回忆，所以整个修为的过程也就成了回忆的过程。借此审视柏拉图的美德学说，可知每个人都有自己的美德认知，每个人也必须有自己的美德认知，这才是柏拉图始终不愿给美德下一个确切定义的原因所在。

除此之外，在整个"回忆"的过程中，柏拉图还提到了一个词——勇气，这也是一个人能否"回忆"智慧经验的关键所在。众所周知，一个人获得知识的过程，是理论学习和社会实践的过程，二者之间需要不断促进、相辅相成，才能让一个人得到不断成长，或者说得到真正的成长。为此，柏拉图认为勇气也是灵魂的重要组成部分，一个没有勇气的人是打不开"智慧"的盒子的，他的灵魂也会因此而浪费整个生命轮回，直到他积累足够的勇气面对全新的生命。

在柏拉图看来，灵魂是具有知识的，只不过出于某种原因，在不同的生命体之间传递时丧失掉了。至于灵魂为什么会丧失知识，柏拉图在此并没有交代清楚，他只是将灵魂不朽和生命转世的思想提高到了哲学理论的高度，事实上这也是整个《美诺篇》所述哲学理论的基本前提。今天的人们也许并不能接受这样的说法，但是对于一个人的修为是向外的还是向内的，柏拉图却为我们指明了方向，而且他的理论也为我们提供了必要的参照和依据。

从这里我们不难看出，柏拉图的思想又与东方的佛教思想不谋而合，只是二者之间还存在着一个从局部到整体的微妙关系。按照佛教的说法，人类所处的时空只是整个世界的冰山一角，而且处在比较低等的位置。人类来到世上之所以会受苦，一方面是为前生犯下的过错赎罪，另一方面也是为了来生积福，当然自我的修为也能够让人得到更加高等的智慧，从而更好地度过今生。柏拉图虽然并没有这样明说，但是此处哲学思想难掩类似说法，亦可见哲学思想归根究底是相互连联的，而这也是柏拉图思想的又一个重要论点。

正是因为万事万物存在相同的属性，人类才有可能将万事万物认清，并且可以通过对某一事物的深入了解，推此及彼地了解所有事物，柏拉图将此称为"通过一物而回忆起万物的知识，或者是通过一物而回忆起一切"。如果万事万物没有相同属性，那么"回忆"将步履维艰，人类对万事万物也很难形成有效的、统一的认识。需要说明的是，这里所谓的认识并非认清具体事物，而是通过具体事物回忆起前生的相关记忆，换言之，这同样是对灵魂的追寻和唤醒，这也是一个人获得智慧的基本前提。

由此我们可以看出，柏拉图在自己的哲学理论中将灵魂和个人做了区分，灵魂包含了万物的知识，人类只有通过回忆灵魂中的知识，才能拥有认知万物的智慧。换句话说，人是不可能直接去认识事物的，即使认识也不是最本质的事物，而只不过是一时一己的看法，完全不能提升到真知的层面。那么，为什么我们很难回忆灵魂的智慧呢？柏拉图在此做了简单的论述，即我们每个人都是灵魂和肉体的结合体，而肉体的欲望蒙住了我们的双眼和双耳，使我们不能正确地认识万物。

换句话说，一个人想要抵达自己的灵魂深处，必须能够摆脱欲望的控制，从清心寡欲走向静气凝神，最终触碰到自己的灵魂，或者说看清自己的"相"。但柏拉图还没有就此停止论述，在他看来人是欲望的化身，因而只要灵魂与肉体同在，就不可能真正认清大千世界中的万事万物。简言之，只有死亡才能让灵魂获得自由，才能让灵魂恢复本真状态，这就意味着一个真正的修为者只有死后才能达到至高无上的境界，显然这一点又与东方的佛教思想殊途同归了。

坚定的反对者

在《美诺篇》的最后，柏拉图安排了一个坚定的反对者——阿尼图斯，此人认为美德是可以传授的。为什么安排此人出现在这里，柏拉图有其良苦用心。根据史料记载，苏格拉底被判处死刑的始作俑者有三个人，一个是悲剧诗人勒托，一个是修辞学者吕空，而最后一个就是检察官阿尼图斯。正是由于这三个人的联名控告和有力举证，才让民众和陪审员最终抛弃了苏格拉底，以不敬神的罪名将其处死。

值得一提的是，柏拉图还曾提到阿尼图斯曾经警告过苏格拉底，让他不要发表对一些重要人物不利的言论。我们在这里似乎可以解读出一些暗藏着的信息，即阿尼图斯很可能并不希望苏格拉底被控制，当然更不希望他被处死。但是阿尼图斯提到的"一些重要人物"，显然并不这样想，而阿尼图斯则完全有可能是他们利益的代理人，就连他的大法官身份也可能是"一些重要人物"所给。最后一个信息就更值得玩味了，即阿尼图斯不仅是一个法官，而且拥有鲜明的哲学立场，其辩论才能似乎也不在苏格拉底之下，这才最终击败苏格拉底。

阿尼图斯首先亮明的立场是反对智者，而这里所谓的智者，就是那些以传授知识来获取报酬的社会群体。阿尼图斯认为，无论谁与他们打交道，都肯定会被他们带坏。因此，阿尼图斯痛恨智者，认为他们的行为是在亵渎神灵（苏格拉底就是死于这一罪名）。苏格拉底也不认同智者，但他并没有将智者全盘否定，而只是将智者视为值得尊重的对手。因此，苏格拉底对阿尼图斯非常反感，在他看来任何一个人都是值得尊重的，何况在某种程度上，智者和苏格拉底是同一类型的人，只不过双方的立场有所不同。

在阿尼图斯看来，美德是可以传授的，各行各业的人都有模范，行业内的人只要紧跟这些人的脚步即可。这一说法看似无懈可击，柏拉图却借苏格拉底之口说出了它的危险性，因为一旦按照这样的规则推行下去，那么各行各业的模范必然会制定一些规则，并据此发展成为这个行业的独裁者。如果不幸让他们掌握社会权力，倒霉的就会不止某个行业，而是会变成所有的社会民众，因而美德不可传播的实质是美德（或者说权力）不可垄断，需要让美德的传播处于可监控的范畴内，否则后果将不堪设想。

当然，美德的不可传播也会造成暂时的社会无序，尤其是对于那些当权者而言，几乎等同于损失甚至丧失手中的权力。而阿尼图斯也恰恰抓住了这一点，希望可以利用社会性的恐慌震慑苏格拉底，毕竟再小的社会权力也是权力，也就是说各个社会阶层的人都会因为手中的权力摒弃苏格拉底。如此一来，美德的可否传播不再是一个哲学问题，而是变成了一个政治问题，所有人都必须相信美德是可以传播的，如此才能建立和延续自己手中的权力，以至于美德最终发展成为一种世俗的信仰，成为所有人眼中自然而然的东西。

面对阿尼图斯的咄咄相逼，苏格拉底选择了以死相抗，但柏拉图显然并不会这样做，于是他仍旧借苏格拉底之口探索出了一条中间地带。柏拉图表示，如果世人不知美德为何物，美德又确实可以传授，那么就只剩下一种可能，即传授美德的人只是受上帝指示，做出一些不知其然的事情来。这就好比诗人无法通过学习各种文法规则写出好作品，却能够因突如其来的灵感偶得佳句，他们不知道什么是佳句，也不知道怎样才能写出佳句，只是因为上帝的垂青成为世人公认的大师。

同理，政治家可以说出很多"真理"，但他们并不知道自己在说什么，或者说他们就是在编造一种谎言（即政教合一体制）。但正是这种谎言的出现，让人们的心灵有了慰藉和归所，从而让整个城邦变得稳定。正因为如此，美德不仅是可以传授的，而且必须传授，哪怕它只是一种谎言。换句话说，民众并不在意政治家是否在说谎，而只在意他们能不能给自己一个稳定的社会环境。如果答案是肯定的，那么他们就愿意和政治家达成默契，同时竭尽所能给政治家想要的东西，苏格拉底所说的理想社会也就成了奢侈品而非必需品。

于是，在经过阿尼图斯的理论疏通之后，近代政治哲学将美德建立在了激情和自利的基础之上。至于激情和自利，尽管事实上无须教授，但阿尼图斯还是利用政治便利，赋予了各种规则性的教授，从而模糊了美德可教与不可教的界限，久而久之人们也就不再热衷于讨论这一问题了。为了转移矛盾，阿尼图斯还引导民众对抗自然，并且在此过程中注入自己的哲学思想。由于人类对自然的主动作为能够在短期内见效，民众对于战胜自然的信心得到极大鼓舞，阿尼图斯所奉行的哲学观念一时间风头无两。

由此可知，如果说古典政治哲学讨论的是美德是否可教，那么现代政治哲学则完全忽略了这一问题，而这种理念变迁也促成了三种结果。首先，国家和民众达成同盟，把自然当成共同的敌人；其次，政治家们偷换概念成功，表面打造民主假象，实际则是一种设定了基本前提的伪民主。同时，美德能否传授从哲学讨论变成教育讨论，人们开始热衷于采用何种形式传授美德；最后，政治家们开始通过唤醒民众欲望的方式，提升他们的物质享受，迷惑他们的心智，从而使之与美德渐行渐远。

欲望的唤醒当然令人心神激荡，而这势必导致民众对自己行为的失控，以及最终不得不心甘情愿地接受社会管理。于是，政治家在唤醒民众的欲望之后，自然而然地获得了管理欲望的权力，实际上也就获得了管理社会的权力。而哲学家也发挥了重要的作用，当人们的欲望被唤醒时，他们生成欲望是人类的本性，当政治家管理民众的欲望进而管理民众时，哲学家声称欲望是可以管理并且必须管理的。当然，哲学家们也得到了回报，他们被推举为思想的启蒙者，成了信仰的化身和精神的领袖，从而获得了前所未有的社会地位。

对此，柏拉图无奈地发出慨叹，民众可以认清一个高贵的警言，却不能识破一组拙劣的谎言。苏格拉底为了保护真正的美德而宣称美德不可教，阿尼图斯为了捏造虚假的美德而宣称美德可教，然后用一组并不高明的谎言绑架民众，从而让自己变得所向披靡。但这显然已经不是美德而是世俗，美德可以让国家越来越卓越，世俗则只能让民众越来越平庸。苏格拉底以自己的生命捍卫美德，阿尼图斯以技巧偷换概念，柏拉图只好尽可能客观地将二者展现给世人，这种看似高明的做法实则充满了无奈和期待。

从某种意义上讲，美德可教与否的大讨论，可以认为是古今哲学的转折点。现代政治哲学的出现，也可以认为是在弥补古典政治哲学的不足，从而向着美德是什么的终极答案迈进一步。只不过美德可教与否的争论，实际上是哲学问题和政治问题的争论，当它以哲学问题进入政治讨论之后，古典的美德就已经注定要变成欲望的争论。换言之，欲望可控与否从来就不是一个问题，美德堕落为欲望才是真正的变化，而这一变化也让正义之城以不可逆转之势朝着现代国家快速发展。

第八章
《斐多》：对有限和无限的智者分析

本篇是柏拉图中期作品中的代表，同样以对话的形式进行观点阐述，除了主要的阐述方苏格拉底，还安排了他的两个学生西米亚和克贝。通过他们之间的对话，柏拉图对苏格拉底的死做出了理论上的叙述，同时也表达了对生命、灵魂、肉体、智慧和情欲的观点。通过这些观点，柏拉图表现出了更加成熟的哲学智慧，也表现出了更加坚定的使命担当。

—— 哲学家就要实践死亡 ——

柏拉图在本篇中论述的第一个问题是死亡，他认为真正的哲学家面对死亡安然自得，甚至是心情愉悦的。这是因为哲学界不会把死亡当成生命的结束，而是会把死亡当成生命的一部分，是生命变成永恒的开始。更加重要的是，死亡能够让一个人从欲望中解脱出来，即完成肉体和灵魂的分离，得到真正的、至高无上的智慧和解脱。换言之，一个人对生命的贪恋，实际上是对欲望的贪恋，他们不能舍弃人世间的万般诱惑，因而无法完成生命的升华，也无法获得终极的智慧和愉悦。

这里实际上也透露了柏拉图的另一个重要观点，即哲学家不仅应该研究理论知识，同时也应该在生活上注重自我修为，尤其应该努力戒除对物质生活的贪恋，同时注重加强对自身灵魂的修炼。肉体作为欲望的化身，是哲学家获得真正智慧和愉悦的障碍，如果哲学家不能戒除肉体的干扰，即便强行展开哲学研究，最终也难免走向歧途。因此，只有当灵魂和肉体分离之后，才能避免受到它的干扰，而灵魂和肉体分离的最好方法，当然就是让生命走向死亡，这就是哲学家能够坦然接受死亡的原因。

在这里可以看出，柏拉图不但将肉体和灵魂进行了分离，而且将二者置于对立面。即肉体或者说欲望会阻塞人们的视听，迷惑人们的心智，让人们在世俗的生活中迷失自我，如此必然会限制灵魂升华。因此，哲学家必须克制自己的欲望，摆脱肉体的迷惑和束缚，也只有这样才能净化灵魂，并最终得到真理。对于这里所说的真理，柏拉图将其称之为纯粹的、贴近灵魂的知识，并且再次提到"相"的概念。当然，一个人的肉体真正地、最终地脱离自己的灵魂，还是在生命结束之后，死亡也就成了哲学家的一门必修课。

然而，哲学家在探究真理的道路上，必定主要以有生之年来完成，所以时时刻刻的修为都不能掉以轻心。柏拉图认为，一个哲学家的修为就如同逆水行舟，哪怕得到一点点的精进也需要付出很大的努力，但是只要稍有放松，之前的修为就会飞速倒退，甚至有前功尽弃的可能。因此，哲学家必须以生命的终点为目标，不断地提升自我，净化心灵，纯洁灵魂，唯有这样才能获得无上智慧。当然，贴近死亡并不是寻求死亡，柏拉图只是在试图用死亡的方式讲明灵魂和肉体之间的关系，并且以此制定哲学家的修为准则。

那么，一个哲学家能否在有生之年得到纯洁的灵魂呢？柏拉图给出的答案是否定的。一个人只要活着，就只能以肉体承载灵魂，而肉体无论如何都是不可能纯净的,这也被柏拉图解释为苏格拉底能够慷慨赴死的原因。人在死了之后,肉体和灵魂就会分离开来,这时的灵魂才能称之为纯粹的灵魂,或者可以称之为知识的化身,而肉身则被抛在了知识以外。苏格拉底作为这一哲学思想的先驱,为后来者做出了表率,柏拉图对他的行为做出理论解释,建立肉体和灵魂的对立学说,以死亡为最高哲学境界也就成了必然的逻辑结果。

在《美诺篇》中,肉体和灵魂的分离并没有被柏拉图道明,他只是含而不露地表示灵魂的纯洁性,同时以肉体(欲望的化身)的堕落从旁衬托。不仅如此,灵魂作为永恒存在的东西,能够记载生生世世的过往,并且能够认清世间万物的本质。一个人只要能够通过灵魂的启发回忆起自己的前世,就能够轻而易举地认清世间万物,换言之,他也就用了至高无上的美德。到了本篇的内容中,肉体和灵魂的分离已经作为哲学命题来讨论,最终对于这一问题的终极讨论又自然而然地变成了对死亡的讨论。

以此为基础,柏拉图认为勇气、美德、善良、强壮和健康等,其本质都来源于灵魂,肉体的表现不过是灵魂的显象而已。换句话说,如果一个人的灵魂是美好的,那么他的肉体也一定是美好的;如果一个人的肉体是恶劣的,那么他的灵魂也一定是恶劣的。这一说法不仅与我国的"相由心生"说相通,而且居然高度巧合地都提到了"相",也只有这些认识到了"相"的本质的人,才能通过表相看到真相,从而获得灵魂的升华和智慧的提升。

而作为有生之年的修为,柏拉图提到了一个重要的方式,就是要把自己的关注点投放到自己之外,也就是投放到世间的万事万物上去。如果一个人思考问题总是从自我出发,所做的事情都是为了一己之私利,那么他就会完全陷入欲望的泥沼中。因为欲望非但永远得不到满足,而且一个欲望的满足往往带来更大的欲望追求,这就会让欲望变得像毒品一样令人上瘾，直到彻底地迷失自己，任欲海淹没自己的灵魂。

　　对于任何人而言，满足基本的生存需要已经花费大量时间和精力，再加上疾病和伤痛等不可避免的损耗，人生的长度从开始那一刻就注定了要大打折扣。再者，人类是具有感情的动物，一件看似稀松平常的事情也可能让一个人的心情难以平复，而一个人在心潮澎湃的情况下很难思考事情，所做的事情也可能让自己花费更多的时间和精力。在这种情况下，如果一个人再被自己的欲望俘虏，那么他的人生将只剩下碌碌无为和虚度嗟叹。

　　在苏格拉底看来，战争是人类欲望的集中表现，同时也是人类最不可饶恕的罪恶。因为所谓战争，其目的不过是为了掠夺财富，而掠夺财富则完全是为了满足欲望。在任何一场战争当中，人类的一切美德都会向着反方向大幅堕落，人类的智慧非但不会继续帮助自己走向光明和温暖，反而会成为加速、加重灾难到来的魔力。因此，对于任何一个活着的人，除非出于生存原因而必须做的事情，否则，尽量不要让灵魂和肉体发生关联。如若不然，灵魂势必受到肉体的侵蚀，届时就算有神明前来搭救，被污染的灵魂也将永远无法洗刷干净。

　　讲清了这些问题，柏拉图才不疾不徐地切入本篇主题，即肉体是不可能认清"相"的，唯有灵魂才能认清。不仅如此，肉体所具备的视听等功能，还会阻碍灵魂去认识"相"，因为任何的欲望和感情波动，都会让灵魂失去思考的空暇，而一个人远离思考也就意味着他将远离真理。恰恰因为如此，柏拉图才将死亡与美德联系在一起，即灵魂只有完全从肉体中挣脱（包括生存所需）之后，才能进行绝对安静和持续的思考状态，从而获取得到真理（或者说美德）的条件，并且生前关注灵魂、拯救灵魂、净化灵魂的工作也必不可少。

同时柏拉图还相信，唯有哲学才能指引灵魂，否则灵魂将如同囚徒一样被肉欲监禁，直到它彻底沦为欲望的奴隶。这和我们在现实社会中遇到的外力和内力相同，所谓外力是指我们在做一件事的时候受到的外界作用，而内力则是指我们在做一件事的时候自己的想法对所做之事的作用。作为一名哲学家，如果说欲望是外力，那么灵魂就是内力，只有打造坚定不移的信念，才能成就纯洁无瑕的灵魂，如此欲望必将随着灵魂的升华而一点点消退，直到完全被美德压制住，并且在死后得到彻底和永恒的净化。

—— 肉与灵的分离 ——

与《美诺篇》不同，柏拉图在本篇中关于灵魂不朽的论述，开始以事物的对立转化作为既定理论，不再提及从奥菲斯教和宗教神话中引入的灵魂不朽观点，这也标志着柏拉图的哲学研究进入了较深的层次和较高的境界。在此基础上，柏拉图还提出一切动物和植物都有其对立面，比如美好的对立面是丑陋，正义的对立面是邪恶等。而一个事物在变大之前必定是较小的，并且在其变大之后也一定重新变小，因此弱产生于强，强产生于弱；小产生于大，大产生于小，所有事物都在向着它的对立面发展，同时也是由它的对立面发展而来。

比如一个国家的政权，往往是从弱小发展而来。但是由于弱小，它变得非常精悍，原本强大的政权看似不可一世，实际上早已变得陈旧腐朽，分崩离析。当弱小的新政权前来发难时，强大的旧政权中没有任何一支力量可敌，甚至相互之间还会进行内斗，直到被新政权逐一击破。当然，新政权的建立也仅仅是一个从弱到强的阶段，当他变得强大后，也会从内部开始腐化、分解。如果有一天新的小政权出现，它也将重复此前旧政权的命运，这一规律并不会按照人的意志为转移，千百年来历史就是这样不断轮回的。

而生与死作为两个对立面，也是相互作用产生的。从生到死是肉体与灵魂的分离，从死到生则是肉体与灵魂的再度结合，在一次次的分离和结合中，灵魂不断得到净化，肉体的欲望也会因此逐渐削弱。由此可以看出，灵魂在与肉体分离之后并不会消散，而是继续存在于天地之间，直到再一次与肉体结合后产生新的生命。柏拉图由此推理出其哲学理论的一个重要观点，即灵魂是不朽的，它承载我们的记忆，并且在新生命产生后，通过"回忆"的方式打开记忆，这就是生命轮回的整个过程。

也只有如此，万物才能保持不断更新的状态，从而让这个世界越来越丰富。如果万物只有分离没有结合，那么天地之间很快就会变成一片混沌，陈旧腐朽的气息将弥漫成团，像雾霾一样挥之不散。同理，如果万物只有死没有生，那么天地之间迟早会变得一片死寂，甚至连天地也会土崩瓦解。因此，尽管生和死对于我们来说都有一半是未知的，即我们生前存在于什么地方，以及死后将去往什么地方，但我们可以肯定生是从死发展而来，死也是从生发展而来，而灵魂正是连接生和死的纽带。

由此可见，柏拉图已经认识到事物之间对立统一的辩证关系，并且厘清了事物发展的内在规律，看到对立面相互促进、相互转化的过程。这一点对于柏拉图来说意义重大，毕竟在苏格拉底时代的灵魂不朽尚来自宗教思想，换言之，柏拉图在哲学理论上的成就，已经沿着苏格拉底走出的康庄大道再进一步。有学者指出，柏拉图的这一进步很可能是受到赫拉克利特学派的克拉底鲁影响，但即便事实如此，柏拉图也是第一个系统地提出事物对立统一关系的哲学家，并且进行了深入的研究和论述。

当然，柏拉图引入对立统一的哲学论证法，最终目的还是证明其灵魂永恒的学说。即无论是从生到死，还是从死到生，灵魂都是不可或缺的重要组成部分。按照我们习惯的认识方法，肉体是灵魂的载体，如果没有肉体灵魂也就无处安放。但是通过柏拉图的解释后，我们发现真相似乎正好与之相反，即灵魂作为永恒存在的事物，是肉体的载体，如果没有灵魂的承载，肉体将无法产生，发展壮大也就更加无从谈起了。如此一来，灵魂也就成了哲学家研究的主要对象，而且不仅要对它进行研究，还要严格遵循各种研究成果，因为这才是我们获得美德和智慧的真正途径。

除了"对立统一说"，"学习回忆说"也是柏拉图证明灵魂不朽的重要论据，同时也是一个哲学家的重要修为方法。在《美诺篇》中，柏拉图明确指出，学习的过程就是打开灵魂记忆的过程，或者称之为回忆前生智慧和经验的过程。既然是回忆，那么就必须是已经学习到的东西，而学习到的基本前提就是存在前生，至于前生和今世如何联系在一起，灵魂不朽便成了唯一的解释。

不过需要说明的是，柏拉图在《美诺篇》中是以灵魂不朽来论证回忆说，即灵魂不朽才能承载世间万物，而世间万物又是相通互联的。人们只要认清了一样事物的本质，就能推此及彼地认清世间所有事物，这个学习的过程实际上也就成了回忆的过程。但是在本篇论述内容中，柏拉图则利用"学习回忆说"来证明灵魂不朽，因为回忆就是记起以前的事物，这就意味着必须要有灵魂作为存储介质，从而得到灵魂不朽的结论。换句话说，如果灵魂在肉体死亡后即消解于无形，那么学习回忆说也就失去基本前提了，二者实际上是互为印证的。

除此之外，柏拉图在本篇中还对"学习回忆说"做出进一步论证，或者说他又为该学说找到了一个理论支撑点，即人类具有举一反三（或者称之为联想）的能力。当一个人看到一样东西时，不仅会对这样东西有所认识，同时还会联想到与这样东西属性相同的东西，以及与这样东西相关联的东西。比如一个人看到他的朋友，就会联想到和这位朋友关系很好的另一位；或者当一个人看到他的朋友，就会联想到这位朋友的特长是什么，这就可以称之为这个人回忆起了以前认知的对象。

当然，由于每个人的"记忆"有所不同，当他们看到一样事物的时候，所作出的联想也会有所不同，那句著名的谚语"一千个读者就会有一千个哈姆雷特"，就是一个再好不过的证明。因此，当我们想要了解一个人的时候，往往需要从了解他的记忆（或者称之为经历）开始，这也是我们总是认为陌生的行为古怪的原因。换句话说，能够产生联系的两样事物的相同属性是相对的，而不是相等的，或者说不能达到绝对的相等。同时从另外一个角度来进行分析，即就算两样事物绝对相等，在拥有不同"记忆"的人看来也是相对相等的。

如此我们就可以得出一个结论，即具体的事物虽然是真实存在的，但是它只能给我们以启发或诱惑，使我们"回忆"起该事物的一些特定属性，而这个特定的属性也就是柏拉图哲学理论的核心观念——相。换个角度来看，"相"对我们的帮助是间接的，它不能让我们直接回忆（认清）某样事物，而是通过联想到其他相同属性的事物，间接让我们了解眼前事物的本质。在这里，柏拉图还回避了一个问题，即肉体是灵魂的束缚，转而开始注重视听等身体功能对于我们认识"相"的作用，尽管其态度是审慎的和有限的。

只是关于对"相"的认知，柏拉图还是做出明确论述，即人们对于"相"的认知不是从感官和具体事物中来，而是从灵魂当中已有的"记忆"里来。也正是因为"记忆"的存在，才让我们能够得到认清事物的标准和原则，否则世间万物不仅不会让我们认清"相"，反而会让我们的认知系统越来越混乱。简言之，柏拉图的哲学理论首先是确立哲学理论，然后以哲学理论去检验事实真相，再以事实真相来倒推基本原则，从而完成对真知的探索以及对美德的追求。

进一步认识"相"

柏拉图通过对"回忆说"的论证，表述了灵魂存在于人们出生前的理论事实，同时表明了人们对"相"的认识也在出生之前就已经完成，人们通过学习去了解"相"的过程，不过是"回忆"已有记忆的过程而已。柏拉图由此得出一个新的结论，即"相"和灵魂都是永恒存在的事物（都是不朽的），而且在逻辑上也是相通的。通过对灵魂和"相"的了解，我们可以认清事物的本质联系，却不能找到两样完全相同的事物，所谓"相等是相对的，相通是绝对的"。

柏拉图认为，相通只能无限接近相等，相等也不过是一定程度的相通，二者之间并不是充分必要条件。人们在出生之前即已拥有对"相"的认识（即美德和智慧），出生之后所遇的各种事物，只能不同程度符合"相"的标准。但哪怕哲学家经过充分的探索和修为，让具体事物能够无限接近"相"，毕竟还是无法达到"相"的高度。换句话说，"相"只为具体事物的发展提供方向指引，并不会为具体事物的发展设定目标，因为当一个目标实现之后，新的目标立即就会接踵而至。

接下来，柏拉图又论证了灵魂在人们死后的延续问题，并且进一步对"相"的概念做出论述。柏拉图首先将分解一样事物的可行性作为论述前提，可分解就意味着可重组，同时也就意味着可以再次分解，如此周而复始。至于那些不可分解的事物，柏拉图认为它们是始终同一的，并不会因为万物的变化而发生变化。当然，无论是可分解的事物还是不可分解的事物，都不一定是可见的或者不可见的，唯一可以确定的只有"可分解的东西是变化的，不可分解的东西是不变的"。

那么，什么样的东西是可见的，什么样的东西又是不可见的呢？简单来说，看得见、摸得着的东西就是可见的，看不见、摸不着的事物就是不可见的。当然，这里所说的不可见是指哲学层面上的不可见，即具体的事物是可见的，而具体事物之间的联系是不可见的。换句话说，具体的事物随时处在变化之中，而具体事物之间的关系则是永恒不变的，这也就意味着我们可以通过具体事物来探索各种规律，然后通过这些规律更好地认清世间万物。

作为总结，柏拉图指出两种"相"，即"相"的基本属性（理论范畴），以及符合"相"的基本属性的具体事物（实物范畴）。这也就意味着"相"是纯粹的、永恒的，具体事物则是合成的、变化的，"相"包含万事万物，万事万物在"相"的逻辑内运转。它们之间的关系是万事万物的变化表现在具体事物上，我们通过这种可见的变化规律认清"相"，并且通过对"相"的认识来预见万事万物的发展，最终达到物我合一的无上境界。当然，具体的事物可以通过视听等身体器官来认清，而具体事物之间的联系则只能依靠思想去摸索和体悟。

以此为哲学理论，柏拉图又把话题引到了人类身上，用以分析人类对于自己和万事万物的认识。人作为肉体和灵魂的结合体，其肉体是可见的，其灵魂则是不可见的，但我们可以通过对肉体的研究去认清灵魂。当然，肉体是可变的和可分解的，我们对肉体的研究必须以灵魂为标的，否则就会误入歧途，将哲学命题引向混乱和迷惑。只有在灵魂的指引下透过肉体，才能将问题的本质看清楚，才能进入真正的、纯粹的、永恒的哲学境界，才能领略到"相"的真谛所在。

不仅如此，柏拉图还论述了肉体和灵魂可变与否的问题。其中，身体是可变的事物，无论是从生到死和从死到生的过程，还是有生之年的生老病死，以及从出生之后到壮年、到老年的过程，我们的身体都处在变化之中。而灵魂则是不可变的事物，无论是在生死之间还是在一个人的有生之年都是如此，而灵魂的这种不变属性恰恰正是智慧存在、发展和延续的必要前提，如果缺失了这一前提将无法谈及任何哲学论题。因此，我们甚至可以将灵魂直接理解为智慧所在，而身体则可以作为验证智慧的具体事物。

对于灵魂和肉体的关系，其实是主宰者和被主宰者的关系，即灵魂主宰肉体。因此，如果把肉体比作人类自己，那么灵魂就可以比作神明，我们可以通过身体反观自己的内心，也可以通过对灵魂的感悟而接受上帝的启示。当然，肉体和灵魂的关系并不是固定的，一旦我们无法控制自己的身体，被各种欲望侵蚀自己的灵魂，那么肉体和灵魂的关系就会失谐，从而导致智慧的丧失和神明的抛弃。因此，我们唯有保持灵魂的主宰地位，以及身体的被主宰地位，才能恢复灵魂的本性，让自己无比接近智慧和上帝。

柏拉图以此得出结论，灵魂是神性的化身，是不朽的、纯粹的、不可分的，而肉体则是人性的化身，是短暂的、复杂的、可分解的。换言之，灵魂与"相"类同，因为它具有"相"的基本属性，肉体则与"相"背道而驰，是我们在修为过程中必须警惕和戒除的对象。当一个人的生命结束之后，灵魂以不可见和不可变的固有属性，达到一种纯粹的、至高无上的境界，从而保障一个人的"记忆"能够得到延续，这就是"相"和灵魂的关系。

显而易见，柏拉图所论述的"相"具有自身同一性，而这也是灵魂的基本属性和本质内核，二者具有高度的统一特性和内在联系。至于"同一性"，实际上就是纯粹和永恒的代名词，而纯粹和永恒则注定其不可分解的特性，不可分解又意味着它是永恒的和不朽的。在这里，"相"的同一性虽然不能为感官所知，但是却可以用灵魂去感悟，并最终以感官所得悟出思想所在，同时这也是"相"的基本内在逻辑。

从这里我们还可以看出，柏拉图用"相"去论证灵魂的不朽，并且用"回忆说"加以解释说明，其首要前提就是灵魂中包含的关于"相"的知识。不仅如此，灵魂也是在生命开始前就已经存在的，也只有这样它才能预存关于"相"的知识，否则"回忆说"的论据也就不复存在了。换言之，如果生命开始之前没有灵魂，或者灵魂没有储存记忆，那么"相"的知识也就无从延续和发展了。因此，灵魂说和"相"说是相互支撑的，我们可以从"相"中看到灵魂的属性，也可以从灵魂中找到"相"的各种特征。

概括来讲，人类所谓的智慧其实就是关于"相"的知识，一个人知道关于"相"的知识越多，他所能认识的"相"就越清晰，得到的智慧就越高，拥有的美德也就越无瑕。因此，肉体、灵魂、"相"都是需要我们去认识的事物，但三者之间的关系却更为重要，而且由于灵魂每个人都有，而"相"却万象归一，我们认识肉体、灵魂和"相"应该有一个清楚的先后顺序。也唯有如此，我们才能透过这三者厘清它们之间的内在联系，从而不断精进自己的哲学修为，直到领略其中的无尽奥妙，或者说得到上帝的无尽启示。

—— "相"的终极目的 ——

在本篇的最后部分,柏拉图已经对"相"的概念做出了最终阐述,即万事万物中相通的属性称为"相"。"相"是相通的,也可以称之为相等,但并不是绝对的相等,尽管"相"的属性可以无限接近绝对相等。因此,绝对的相等是"相"的目标和指引,哲学家在修为过程中也只有不断参透"相"的属性,使自己对"相"的认识不断接近绝对相等,才能在生命结束后达到绝对相等。

对于"相"的终极目的研究,柏拉图的认识事实上经历了一个从自然哲学到人类哲学的转变过程,为此后世学者西塞罗(cicero)称柏拉图把哲学研究从天上带回了人间。柏拉图在著作中坦言,他年轻的时候对自然哲学兴趣浓厚,急于想要弄清事物产生、发展、灭亡的过程和原因。当时,哲学研究只是在科学层面得到了一些朴素的结论,基本都是以直观的物质转化为依据,根本没有形成系统的研究哲学,对于人类的思想和灵魂研究,就更加无从谈起了,这才让柏拉图不得不去寻找新的理论来理解和阐述万事万物。

一次偶然的机会,柏拉图接触到了一本关于哲学的书,里面提到世界是心灵(灵魂)的世界,而心灵的世界其实就是最好的世界。这一说法对于柏拉图而言,无异于打开了一扇心灵的窗口,他觉得冥冥之中似乎一切都有安排,而且这种安排正是最好的安排。比如希腊在经过民主阶段后,人们开始不再珍惜民主带来的各种福利，这个时候独裁政权忽然出现，让人们认识到民主的可贵性，于是整个社会开始重新向着民主的方向发展。当然，在民主重新降临世间后，人们的珍稀程度还是会一点点流失，直到再出现一位独裁者推翻民主。

让柏拉图感到失望的是，当时的哲学家虽然为世人开辟了一条崭新的道路，但是毕竟处于刚刚起步的阶段，懵懂的哲学家得到的那些研究成果并不足以解释万物。在人生的第一次旅途中，柏拉图几乎深入研究了所遇到的每一样事物，他所得到的哲学（当时还没有称之为哲学）成果已经能够更好地解释万物。在接下来的旅行中，柏拉图开始利用自己的哲学观点去分析万物，并且最终将对自然万物的研究，转移到了对人类自身的研究上，这也让柏拉图对真理的认识越来越清晰。

柏拉图根据自己的研究成果建立了一套思维逻辑，至于这套逻辑和真理的距离到底有多远，柏拉图进行了一系列的实践和探索。简单来说，柏拉图根据自己的理论去做各种验证，在得到肯定的答案之后，便将这种理论作为基本真理，然后以此去解释其他事物。从这里我们可以看出，柏拉图事实上采用的是一种假设法则，即先通过假象（哲学推论）做出对世界的基本认识，然后再通过各种验证对基本认识进行纠错和纠正，从而让这个基本认识越来越接近真理，而这也是开辟任何一个新领域时的必经之路。

后来，当柏拉图决定提出一种全新的、核心的概念，来阐述自己对万事万物的认识，并最终提出"相"的时候，实际上所用的也是假设原则。即柏拉图假设"相"是存在的，并且是存在于各种具体事物当中的，然后用各种方法去进行求证，从而逐步建立起自己的整套哲学理论体系。比如，柏拉图提出了美德的观念，那么什么才是美德呢？柏拉图首先对美德下了一个基本定义，然后通过各种实际检验加以论证，当这个基本定义得到越来越多的人的认可和支持后，它也就拥有了贴近真理的事实支撑。

如果说一样事物是美的，那么为什么它就是美的呢？柏拉图认为，我们每个人心目中都有对美的衡量标准，而且这个衡量标准大体上是相同的。比如，某个人认为一个女孩子非常漂亮，那么另外一个人也许认为她不是很漂亮，但基本不会否认她是漂亮的。此外，我们也会认为一朵花是漂亮的，并且会把漂亮的女孩子和花联系在一起，这就说明在我们的心目中漂亮的女孩子和花存在一定程度的共同属性。那么，为什么我们会认为一个女孩子是漂亮的，而不认为她是丑的？以及为什么我们会将漂亮的女孩子和花联系到一起呢？

柏拉图由此提出了事物的属性观念，同时提出我们对事物属性的认识基本一致，这才让我们能够对完全不同的两样事物产生联想，而这里所说的事物的属性就是"相"。那么，既然人们对事物的认知基本一致，为什么还会产生各种分歧甚至纷争呢？柏拉图认为有两个根本原因，其一是哲学观点的不同，也可以称之为文化价值或意识形态不同；其二则是贪婪和愚昧所导致，并且只要有少数人变得贪婪和愚昧，那么另外一些人即便不是如此，为了维护自身的合理权益，也只能被迫卷入分歧甚至纷争。

针对以上两个原因，柏拉图提出了两个应对策略。首先哲学观念应该走向世界大同，并且哲学观念也势必走向世界大同，这样做并不仅仅是为了让人们对世间万物形成统一的、有效的认知，同时也是建立起必要的行为规则，从而争取将纷争解决在分歧阶段；其次，哲学家必须以身作则，引导人们戒除物欲，尽可能地将贪婪和愚昧消除。而随着贪婪和愚昧的消除，灵魂自然会受到越来越多的关注，人们由此开始关注自己的内心世界，对于外界（尤其是物欲）的关注也就会越来越少。

当然，这些理论都要经过事实验证。而为了避免理论和事实间的反复推翻，柏拉图在做出某个理论之前都会格外谨慎，并且通过大量的事实求证。但是，只要这个理论被柏拉图最终认可，也绝不允许随意推翻，否则哲学研究的进步就无从谈起，甚至无数哲学家的一生都会在原地转圈。那么，一个哲学理论建立之后，能不能将其推翻呢？柏拉图不但给出了肯定的答案，而且给出了具体的推翻方法，即找到一个更加合理的假设，只要这个假设能够得到更加充分的论证，就可以推翻前一个理论，而这个过程也会推动哲学研究和哲学家的进步。

综合来讲，柏拉图在本篇中着重讲述了"相"的观念，其中最重要的观点就是"相"的"双线论"，即理论线条和实物线条。需要说明的是，这两条线并不是平行线，而是虽然可能产生交集的交叉线，并且相互促进、相辅相成。同时，"相"的纯粹性、不朽性也被提升到新的理论高度，而实物则完全与之相反（即具有合成性和多变性）。当然，"相"和实物是同心同向的，只不过"相"是终极目标，而实物永远追随"相"，同时指出不同的实物间存在相同的"相"。

最后，柏拉图在本篇中还透露了一个重要信息，即人们对"相"的认知是与生俱来的，而所谓的"与生俱来"其实就是储存在了灵魂之中。借此，柏拉图再次阐述了他的灵魂不朽学说，人们通过对灵魂的回忆，记起往生储存的所有智慧，并借此更好地完成此生的哲学修为，直到生命结束后达到至高无上的哲学境界。换句话说，人们对"相"的认识并非来自现实世界，而是来自灵魂深处记忆中对"相"的回忆，因此学习也就成了回忆，而这也表现了柏拉图哲学思想中主观性和假设性的一面。

第九章
中晚期思想：柏拉图的自我升华与蜕变

本篇是柏拉图的晚期著作，内容采用对话体形式，主人公包括巴门尼德和"少年苏格拉底"。柏拉图借二人之间的对话，对自己早期的一些学说进行了反思，表明了柏拉图敢于反思和承认错误的勇气，当然这也让他的哲学思想得以不断精进。不仅如此，柏拉图在反思和改进的同时，还创造了一种科学的方法——辩证推论，对后世具有深远影响。

——《巴门尼德篇》——

柏拉图首先让一个叫芝诺的人抛出论点，指出世间万物要么是相似的，要么是不相似的，而不相似的事物并不能放在一起讨论。对此，柏拉图借少年苏格拉底之口进行反驳，认为我们能够看见的世间万物只是表象，它们之间还存在这样或那样的内在联系，而这些联系是无法直接观察到的，即世间万物有两种存在形式：一种形式是具体事物，另一种形式则是内在联系（即"相"）。我们眼见的事物之所以会发生变化，甚至向着相反的方向发展，正是由于"相"的作用，这就是"少年苏格拉底"的理论。

这个时候，文中的另一位主要人物巴门尼德出场，对柏拉图万物皆有

"相"的说法进行了批判，认为一些肮脏、丑陋的东西，以及一些毫无意义的东西没有"相"。对此，"少年苏格拉底"毫无辩驳之力，因为万物皆有"相"和有价值的东西才有"相"，分属于柏拉图自己的两个时期的哲学观点，换言之，柏拉图不同时期的哲学观点存在矛盾。在此之后，柏拉图提出了"无意义的相"，并且将"无意义的相"解释为相对而言是"无意义的相"。比如某些东西对人无意义，但是对植物和其他动物却意义非凡，而植物和动物显然对人是有意义的。

为了将"相"概念解释清楚，柏拉图早起还曾提出过"分有说"，即不同的事物分有"相"的部分特征，或者说不同事物的特征共同组成了"相"。在巴门尼德的质问中，这个观点同样存在致命缺陷，因为"相"是单一的、纯粹的，不可能被分离。对此，柏拉图给出的解释是"相"是一种思想，它存在于独立个体（每个人）的头脑之中，所以对于每个人来说"相"是单一的、纯粹的。巴门尼德对此针锋相对，指出如果"相"是思想，那就意味着万物都有思想，这显然与基本事实不符，这一下"少年苏格拉底"只能另换话题了。

事实上，柏拉图在这个时候已经意识到问题的严重性，即必须尽快对自己的学术观点进行改造。但是为了改造得更彻底，柏拉图还是抛出了最后一个学说——"模仿说"，即"相"作为抽象的模型存在，自然万物遵循"相"的规律而生，自然拥有"相"的特征。巴门尼德果然继续发难，他指出既然自然万物拥有"相"的特征，那么"相"必定也拥有自然万物的特征。如果是这样，到底是自然万物模仿了"相"，还是"相"模仿了自然万物呢？柏拉图对此只能含糊其词，推说"相"和自然万物是分离的，并不存在谁模仿谁的问题。

巴门尼德接着说，如果"相"和具体事物是分离的，那么"相"和具体事物就处在完全不同的两个世界。如此一来，"相"就无法和具体事物发生关系，同理，具体事物也无法和"相"发生关系，如此，具体事物又如何遵循"相"的规律呢？同时这种划分还势必导致一个严重的结果，即神是能够认识抽象世界的，人是可以认识具体事物的。既然抽象世界和具体事物是分离的，那么神和人的认识无疑也将是分离的，这就意味着人的做法将违背神的旨意，而这一结果显然是人类所无法承受的。

由此可见，柏拉图在本篇中已经开始否定自己的前期学说，同时意味着他将进行大刀阔斧的改革。至于如何进行改革，柏拉图首先提出了复杂的推论命题，他首先假设"相"的存在，然后求证它的各种属性。最后得出的结论是，"相"不是任何事物，而是一种接近于"无"的状态，普通人无法认清它、无法解释它，甚至无法感觉到它，也就是说"相"被柏拉图进行了否定。当然，这种否定只是新学说的开始，柏拉图要做的是推翻此前的推论，因而在新的推论里他首先便确定了"相"的存在，然后以此倒推各种论据。

推论结束后，柏拉图得出了完全不同的答案——"相"既是整体，又是局部；既有限，又无限；既静止，又运动；既类似，又不同；既在过去，又在未来，总之"相"是一种看似没有任何规律的变化，实际上却蕴藏在万事万物之中。如此一来，"相"便不再是孤立的和脱离实际的，而是一种可感知和可认识的规律，只不过想要感知和认识这种规律需要一个漫长和艰苦的过程，甚至需要一定的天赋。就这样，"相"和具体事物之间的无形界限被彻底打破了，"相"成为与万事万物同在的具体规律，同时这也意味着柏拉图对自己中前期哲学思想的推翻。

——《泰阿泰德篇》——

本篇是柏拉图在晚年时期所著的重要作品，核心内容是对知识的论述，论述形式还是以对话为主，主要对话人物包括苏格拉底、泰阿泰德和塞奥多罗。在对话过程中，柏拉图主要针对以普罗泰戈拉为代表的智者进行批判，认为他们的学说应该被否定，从而避免民众受到蛊惑。柏拉图的批判内容主要有三个：其一是批判"感觉就是知识论"，同时批判了普罗泰戈拉的相对主义学说；其二批判了"判断就是知识论"，同时提出了"蜡板说"和"鸟笼说"；其三批判了"伴有解释的真实判断就是知识说"。

对于什么是知识，柏拉图通过苏格拉底之口提出，而提问的对象则是泰阿泰德。泰阿泰德认为，自己在柏拉图学园学习到的课程就是知识，比如哲学、数学、天文、音乐和一些实用的生活技巧。苏格拉底对此表示不满，他表示自己问的是知识本质是什么，而不是具体的知识对象是什么。泰阿泰德表示自己很迷惑，同时希望苏格拉底能够指点迷津，这更引起了苏格拉底的不满，他告诉泰阿泰德说，自己的任务是引导和激发学生思维，让他们通过自己的思考找到知识本质，而不是将自己的思想成果灌输给学生。

在此，柏拉图的教育观有所体现，即教给学生具体的知识，不如教给他们思考和获取知识的方法，这也是我国传统教育思想中的"授人以鱼不如授人以渔"。柏拉图曾经明确地提到过：学生们并不能从我这里直接学到知识，但只要他们能够按照我的要求去思考，就能够产生很多新奇的想法。为了解释自己的说法，柏拉图还做了一个比喻，即自己只是一位助产师，所做工作不过是帮助孕妇产下婴儿。如果孕妇腹中没有婴儿，那么不管自己技术多么高超也无济于事，而且即便没有助产师，孕妇还是会产下婴儿，只不过难度和风险会高一些。

根据柏拉图的引导，泰阿泰德首先提出知识就是感知到想要了解的东西，并据此建立了"知识就是感觉"的学术观点。对此，苏格拉底表示，普罗泰戈拉也曾提到"感觉论"，认为人是万物的尺度，因而人感觉到的世界就是真实的世界。同时，普罗泰戈拉还以风为例，说明身体强壮的人受到风吹会感到凉爽，而身体虚弱的人受到风吹则会感到寒冷。所以相同的事物对于不同的人也就不同，每个人对风的感受就是他对这个世界的认识，根本没有是非对错之分，个人感觉对于哲学研究来说也就成了重要课题。

苏格拉底首先对泰阿泰德的观点进行了梳理和孤立，但随后便开始了批判。他说：如果"人是万物的尺度"，那么每个人的感觉都将是真实可靠的，这就意味着每个人的感觉都是同等智慧的。那么，任何动物甚至植物都是有感觉的，是不是可以说动物所感觉到的东西也是真实可靠的，动物的也是万物的标尺？或者直截了当地说"猪也是万物的尺度"。对此，苏格拉底给出自己的观点，即眼睛能够看到颜色，耳朵能够听到声音，皮肤能够感受质地等（即感觉），但这些感官都是独立的，唯有当灵魂将所有感觉结合在一起，人们才能对一样事物形成真正的认识，从而否定了"感觉就是知识"的说法。

接下来，泰阿泰德根据苏格拉底的说法，又提出了新的学说——"感觉就是判断"，但再次遭到苏格拉底的否定。他指出，既然是判断就会有对错之分，那么即便正确的判断可以称之为知识，错误的判断也不能称为知识。通过一系列论证，柏拉图否定了各种错误判断的合理性，并且证明了虚假判断的客观存在性。那么，错误的判断又是如何产生的呢？柏拉图提出了"蜡板说"和"鸟笼说"加以说明。

所谓"蜡板说"，就是苏格拉底将人类的灵魂比作一块蜡板，当我们看到一样事物的时候就会在蜡板上留下印记。在我们对灵魂的修为过程中，没有时刻注意清理和总结，导致留下的印记越来越多、越来越乱，这个时候我们对以往的认知就会变得模糊，从而产生虚假的判断。而所谓"鸟笼说"，是苏格拉底将人类的灵魂比作一个鸟笼，人们将抓到的各种各样的鸟（即知识）放入鸟笼，以便在需要的时候去鸟笼抓。但是随着抓到和放入鸟笼的鸟越来越多，我们伸手到鸟笼里去抓鸟的时候很可能抓错，从而导致虚假判断的产生。

据此，泰阿泰德再次修正了自己的观点，认为"伴有解释的真实判断（即正确的判断）就是知识"。这一次，苏格拉底还是给予了否定，他指出有些判断并不是我们亲眼所见、亲耳所闻，而只不过是基于别人的判断结果产生。既然是别人的判断结果，我们便无法确定其真实性，何况人是感情动物，任何一个判断都有可能掺入感情成分，这自然会让我们不同程度偏离真正的正确。所以，"正确的判断"很多时候并不受我们主观控制，"正确的判断就是知识"也就注定不能成立了。

通过对以上三个哲学观点的否定，柏拉图对智者派的哲学理论进行了批判，尽管他并没有给出自己的明确观点。当然，这并不影响柏拉图的哲学权威，因为他在文中已经明确表示，自己只不过是一位"助产师"，所做工作只是为了帮助"孕妇"临盆而已。不过，我们从本篇内容中也能看到柏拉图的一些思想转变，最典型的地方莫过于他提出"蜡板说"和"鸟笼说"。在这两种说法中，我们都可以看到一个基本事实，即无论以蜡板还是以鸟笼为人类的灵魂和记忆，它们最初都是空白的，这与柏拉图早期的"回忆说（即灵魂已经在前世储存有记忆）"显然大不相同。

《智者篇》

本篇是柏拉图晚年所著偏"形而上"的一部作品,主要论述的命题是"存在",即"相"的存在问题。目前学界普遍认为,柏拉图晚年哲学思想的整个转变过程,是从《巴门尼德篇》开始,到《智者篇》结束,也就是说本篇著作的完成标志着柏拉图晚年思想的成熟。在《巴门尼德篇》中,柏拉图主要批判了"孤立的相",即否定了自己的早期思想,同时提出了"相"与"相"之间的各种联系,即只有相互之间存在联系的"相"才是真实的"相"。而在本篇当中,柏拉图将进一步论述"相"与"相"的联系与结合。

在本篇伊始,柏拉图首先采用"二分法"对智者下了一个定义,并且用渔夫作为解释的喻体。按照柏拉图的说法,想要弄清什么是智者,就像弄清什么是渔夫一样,那么渔夫到底是什么呢?以"二分法"来分析,渔夫是以技艺谋生的人,技艺可以分为两种:一种是创造性的(如种植、养殖、制陶等),一种是聚敛性的,就是把已有的东西变为己有(如渔猎、贸易、采集等),渔夫属于后一种;聚敛性的技艺也分为两种,一种是以资源平等为前提交换得来,一种是用强力据为己有,渔夫的技艺属于后一种。

分析到这里,似乎渔夫的定义已经渐渐浮出水面,实际上还可以做很多分析。比如强力据为己有也可以分为两种,一种是公平竞争而来,一种是暗中巧取而来,渔夫的技艺属于后一种;暗中巧取又可以分为两种,一种是猎取无生之物,一种是猎取有生之物,渔夫的技艺属于后一种;猎取有生之物又可以分为两种,一种是猎取水面生物,一种是猎取水中生物;猎取水中生物还可以分为两种,一种是用鱼钩等钓鱼,一种是用网等捞鱼;用网捞鱼还可以分为两种,一种是在白天进行的昼捕,一种是在晚上进行的夜捕,如此种种。

由此可见,我们用"二分法"将一样事物分析得越详细、彻底,我们对这样事物得出的结论越接近其本质。比如根据以上"二分法"得出的结论,我们就可以对渔夫做出一个基本定义,即渔夫是聚敛的技艺中,用强取的猎取方法,获取水中的鱼类,并且采用钓鱼和网鱼两种方式。于是,柏拉图对智者做出以下定义,即智者是有技艺的,猎取富家子弟的(即通过教授他们知识获得酬劳),贩卖德行和知识的,推销知识的,并且能够推销别人知识的,同时又能够为自己的行为进行辩论的群体。

那么,智者又能教授给年轻人什么呢?按照他们自己的说法,几乎无所不能,即任何人想要学习任何知识,都可以得到他们的教授。在此,柏拉图进行了坚决的否定,他认为"术业有专攻",一个人如果什么都知道,那就意味着他什么都不知道。所以,柏拉图认为智者们虽然很聪明,但是他们涉猎的东西太多,必然导致对所有事物都一知半解。但是用这些一知半解的东西去蛊惑年轻人已经足够用,而且他们所传授的往往是一些权术层面的东西,能够很快在实用中见效,并不像柏拉图所传授的道法那样,深远却见效很慢。

不仅如此,柏拉图还发现智者群体中存在着一群极端主义者,他们不仅对自己所认识的事物一知半解,而且以此为基础建立了一些虚假的幻象。这些幻象完全脱离现实社会,却被他们精心加工成为一套完整的体系,能够将年轻人脑中已有的对世界的认知完全洗去,从而盲目地听信他们的理论。如果越来越多的年轻人被这些智者蛊惑,那么一个国家将是没有未来的，因为彼时没有人是关心现实问题的。事实上，这也是柏拉图坚决反对智者及其言论的原因所在，他不能将年轻人交到一些居心叵测的人手中，那意味着国家命运将随时陷于危难。

接下来，柏拉图又讨论了关于真实的问题。通过对所有哲学家的观点总结，柏拉图认为他们对真实的定义可以分为两大派，一派认为只有具体存在的事物才是真实的（如木块、石头等），他们通常被称为唯物主义者；另一派则认为具体存在的事物都是变化的，因而都是虚假的，所以关于这些事物看不见、摸不着的变化规律才是真实的，他们通常被称为唯心主义者。柏拉图则认为，具体的事物及其变化规律并非完全脱离对立，很多时候它们都会结合在一起，因而唯心主义和唯物主义也不能完全脱离对立，而这也正是柏拉图的"通种论"和"辩证法"思想。

《蒂迈欧篇》

本篇是柏拉图专门针对自然哲学而著的一部作品,在其余作品中,虽然柏拉图也针对自然哲学做过一些论述,但基本都是一带而过。比如在《斐多篇》中,柏拉图曾提到阿那克萨戈拉的自然哲学,这也是柏拉图早年接触过的唯一一位自然哲学家及其理论。同样是在该篇内容中,柏拉图以"目的论"进行论述,认为"相"是一切事物存在和变化的原因。而在本篇中,柏拉图延续了阿那克萨戈拉的"创造者(即努斯)创造一切"的学说,认为创造者是根据"相"来创造万物的。

借蒂迈欧之口,柏拉图阐述了自己的自然哲学观,他首先指出宇宙(即世间万物)是被创造出来的,因为它是具体可见、可感的。以此为基础,柏拉图开始论述宇宙被创造时参考的模型问题,而这里所谓的模型,其实就是柏拉图所说的"相"。而既然"相"是被参考的模型,宇宙也就成了它的"复本",所以关于宇宙的一切都是人类的知识,并非最终极的普世真理。当然,根据柏拉图此时的哲学见解,"模型"和"复本"(即"相"和"宇宙")并非完全脱离对立,而是在不同的时间和空间中存在交集。

那么,是谁创造了宇宙呢?柏拉图的答案是神。神是公正的,他在创建宇宙的时候没有任何偏颇,所以世间万物都应该处于平等和谐的状态。但事实并非如此,世间万物本是无序的,是神让世间万物变得有序,换言之,所谓神创造了世界,在柏拉图看来只是神让世界变得有序而已,这一点有别于宗教的神按照主观意志创造世界。由此可见,柏拉图说的神创造世界,显然更接近于现代科学,只是有些事情他尚不能解释,所以才采用了"神创造世界"这一易于被大家接受的说法。

神希望世界处于有序状态,就需要有人帮他去建立和维护秩序,于是神就创造了他的使者——人类。当然,人类并不是无偿为神服务,他们可以使用神赋予他们的智慧,去世间获取所需,同时他们也将因为神赋予的智慧而成为世界的主宰者。所以在柏拉图看来,人其实是半神半物的存在,如果他们能够保持理性,去除自己的欲望,就能够使灵魂更接近神,同时也让自己更像神,从而完成神所赋予的使命。反之,人类就会使自己的灵魂远离神,同时也会让自己变得更像一般动物,成为神抛弃甚至毁灭的对象。

接下来,柏拉图又论述了宇宙的构成,其主要成分是火和土,这也是宇宙被神创造之前的基本状态。那么,神是如何将宇宙变得有序呢?简言之,它向世界注入了水和气,对世界上的火和土进行了调和,从而使轻盈的物质上升成为天空,使浑浊的物质下降成为大地,最终生成一个朗朗乾坤。由此可见,柏拉图的说法和我国古代神话颇有相同之处,即天地之间本是浑浊一片,盘古大帝巨斧一挥,使之成为清明的天空和深厚的大地。这也说明人类在对自然充满未知的时候,其想法是大体类似的,对于未知的好奇更是相同的。

与此同时,柏拉图还提出了时间和空间这两个重要概念,其中空间是原本就存在的,而时间则是被神创造出来的。当万物都处于和谐状态后,如何才能让它们保持动态平衡和永久活力呢?这就让神创造了时间。时间是什么?其实就是万物的不断变化,当然这种变化是有规律的,同时又是不可逆的。为了让人类看到时间的运转,神又创造了日月星辰,地球自转一圈是一天,月亮绕地球一圈是一个月,地球绕太阳一圈是一年,就是最显著也是最有力的证明，而这些和自然科学无疑是相辅相成的。

为了更具体地解释宇宙，柏拉图将世间万物划分为三大类，第一类是可知、单一的模型（即"相"），第二类是可见、变化的摹本（即宇宙），第三类是所有事物发生变化时所需的容器（即空间）。柏拉图认为，世间万物虽然由水、气、火、土构成，但是我们目所能见的并不只是这四样东西。比如我们日常所见的水，它在常温状态下是液态的，也就是我们所说的水，但是在高温状态下它会变成气，并且在低温状态下还会变成冰。因此，我们只能确定某个事物所具有的属性（水、气、火、土），而不能将他简单地归为某类事物。

以此为基础，柏拉图还对水、气、火、土四类事物做出划分；并分为两大类，认为它们都是由小得不能再小的元素构成，并且指出土的最小组成元素是等腰三角形，而水、气、火的最小组成元素是等边三角形。正是由于这一区别，土和水、气、火之间是不能相互转化的，而水、气、火之间却能够相互转化。显而易见，柏拉图对于宇宙万物的研究，已经深入到了事物的内部结构，并且认识到了不同的事物具有不同的内部结构，并且属性相同的事物之间能进行转化，而属性不同的事物之间则不能进行转化。

通过对以上内容的了解，我们可以看到柏拉图借鉴了德谟克利特的原子论、毕达哥拉斯的数理哲学和恩培多克勒的四元素学说。柏拉图对这些学术成果融会贯通，以时间、空间和元素为论述对象，把世界看成是神创造理性和秩序的结果，从而提出了自己的哲学思想。值得一提的是，柏拉图所谓的"神"是万物产生和变化的原动力，是将万事万物归于秩序的自然神，而非凭空想象出来的神。也正因为如此，柏拉图的哲学思想对中世纪的经院哲学和文艺复兴哲学都产生了深远影响，同时也为现代哲学奠定了坚实基础。

第十章
大"理想国":上古大贤假想中的乐园范式

柏拉图在本篇中主要探讨"正义",同时也表述了对国家的看法,并且在哲学基础上构建出了一个理想的国家形式。在此过程中,柏拉图将自己的哲学思想运用到政治当中,对于教育、文艺、家庭、婚姻、女权等社会问题,也做出了详尽的论述,等于建立起了一套系统的、完整的哲学政治思想。这种带有总结性的哲学论述,在柏拉图的整套哲学思想中具有承上启下的重要作用,其思想从此变得更加丰富和更具论证,深刻性也达到了极大的延伸。

国家从何处走来

对于国家的起源问题,柏拉图从两个方面入手进行了阐述,一是人们对物质生活的必然需求,二是社会分工引发的全民合作。由于社会分工的精细化发展,人们自给自足的经济状况被逐渐瓦解,取而代之的是彼此之间的相互满足。当足够多的工种形成组织后,他们的生活就会变得丰富而高效,而这种初级的组织就是国家最早的雏形——城邦。城邦国家的出现首先需要粮食、衣服和住房,于是农民、纺织工和泥瓦匠随之出现,随着社会生产率的不断提高,社会开始出现各种剩余产品,于是商人文明也随之出现。

商人不创造物质价值，但是他们创造交换价值，他们相当于是一个劳动价值的交换媒介和平台，能够在越来越大的范围内完成社会分工，而且这种分工已经是以纯粹的剩余产品交换为形式。久而久之，城邦国家的人口增加了，城邦国家的规模扩大了，医生、律师和艺术家等职业纷纷出现。随着内部矛盾和外敌入侵的威胁，城邦国家又开始打造自己的官方强制力——军队，这样一个国家的基本属性就已经齐备了。上到国家的统治者，下到无产阶级劳动者，人们各司其职，各尽所能，各取所需，不断提高着自己的物质生活水平。

从这里可以看出，柏拉图将人类的起源和国家的起源联系在了一起，而国家是历史的产物，它随着人类社会文明程度的提高而产生。在原始社会，由于人类的生产力低下，为了生存下去只能组成部落联合起来，即便如此还是无法完全满足生活所需，如此也就不存在剩余劳动产品。换句话说，当时的人类无法进行精细化的社会分工，生产率的低下成为人口增长无法突破的瓶颈，国家形式的社会分工同样受到限制，当然这只是一个必然的历史阶段，社会生产率还是在以稳定的速度进行发展。

随着社会生产力的发展，剩余劳动产品越来越多，占有支配地位的劳动者不必再参加劳动也能满足生存需求，如此人类天然划分为劳动者和劳动寄生者，并且很快演变成为被剥削者和剥削者。为了维护自身的合理权益，相同处境的人们开始联合起来，这样一来，社会阶级就出现了，而阶级矛盾也就随之产生。在接下来的冲突当中，剥削阶级毕竟掌握更多的社会资源，这让他们最终以强制力量压迫被剥削阶级屈服，军队作为暴力工具同样成为重要的社会力量，并最初催生出了国家这一政治形式。

需要说明的是，剥削者在无限制地剥削被剥削者的过程中（奴隶社会），发现管理被剥削者的成本过高，同时也会造成生产力的持续下降，甚至随时存在被打倒和推翻的危险。在这种情况下，剥削者从自身的利益出发，开始有限制地进行剥削（阶级社会）。于是，被剥削者的基本生存需求得到满足，大部分便开始自愿被剥削。再加上剥削者的思想宣传，国家形式得以大范围和长时间地出现，甚至得到了长足发展，国家作为一种政治形式开始变得越来越稳固。

不过，此时的国家仍然是一种泛泛的政治形式，他不是以政治文化为基础，而是建立在社会分工之上。二者之间有什么区别呢？柏拉图虽然没有给出明确的答案，但我们还是可以通过自己的分析得出结论。社会分工意味着不同工种的组合，而只要满足人们的基本生活需求，便可以组成一个分工合作国家，但这里所谓的"国家"和今天大相径庭，细究起来可能仅仅等于今天的一个小镇甚至一个村庄。而政治国家显然建立在这种国家之上，或者它就是通过不断兼并发展而来的"大村庄"，只是随着规模和人口的扩大社会分工会越来越精细。

这一过程，就如同原始社会的部落斗争一样。由于生产力低下，人口增长对于原始部落来说就意味着实力壮大，而人口增长必然意味着更多的资源需求，抢地盘也就成了自然而然的事情。但是这种横向发展（或者称之为野蛮扩张）会让最初的部落成员越来越难以控制内部运转，毕竟随着人口的增长，不仅社会资源会越来越捉襟见肘，就连劳动岗位都会变成稀缺资源，自乱阵脚也就成了自然而然的事情。于是，那些率先完成社会分工的部落最终存活了下来，因为他们在合理完成内部改造的同时，也势必变得越来越强大。

可想而知，当一个国家吞并另一个国家之后，即便不把这个国家的人民当成奴隶，也会把他们置于自己的下一个阶级。随着吞并国家越来越多，这个国家的阶级也会越来越多，其最早的国家成员的社会阶级自然也会越高。此外，在吞并过程中还会发生一些群体属性的变化，比如某个国家以农业活动为主，当他们被其他国家征服后，很可能就会变成这个国家的农民阶级（包括他们曾经的统治者在内）。当然，一个国家在兼并他国变得越来越强大的同时，很可能另外一个国家也在如此发展，这就导致人类社会的战争规模越来越大，一个政权所统治的区域也越来越大。

总而言之，国家的诞生和社会生产力的提高以及社会分工的出现密不可分，而国家的本质其实也就是劳动的分工和由此带来的生产力大发展。如果说在古希腊人眼中，一个城邦就是一个国家（即一个完成的社会分工组织），那么城邦与城邦之间吞并或者联合，则与今天的国家形式几无二致。换句话说，城邦与城邦之间的吞并和联合，完全可以解释为社会范围内的再分工，比如一个国家的所有城邦都完成了社会分工，但很可能其中一个城邦以农业为主，而另一个城邦则以工业见长，因此我们完全可以将其视为国家级的城邦分工。

—— 四大政体 ——

在本篇中，柏拉图对古希腊历史上出现过的各种政体进行了研究，并据此得出了自己的政治见解，将各种政体总结为四大类，即荣誉政体、寡头政体、民主政体和僭主政体。这四大政体在古希腊的历史上依次出现，却没有随着历史的发展而进步，而是不断走向退步。正因为如此，古希腊的政治状况越来越差，社会生产率越来越低下，民众的生活水平也越来越糟糕。与之相反，统治阶层却越来越富有和腐朽，整个社会的内部矛盾由此产生，并且越来越难以调和。

荣誉政体是一种建立在荣誉机制上的政权，最主要的特征是人民尚武，国家除统治阶级外还有独立的军人阶层，或者说军人本身就是统治阶层。军人在荣誉的激励下，通过作战等军事行动为统治阶层和全体国民创造福利，基本上遵循优胜劣汰的大原则，对于社会生产力的发展有正面促进作用。这里需要提到的是斯巴达人，他们所推行的政体就可以称之为荣誉政体，并且直到雅典推行僭主政体后仍然如此，而斯巴达人征服雅典人的事实似乎也证明了柏拉图的政体优劣说。

作为荣誉政体的主要成员，军人群体一方面要参加作战（非战时进行军事训练），一方面也在享受特殊的福利待遇。比如他们不必参加社会劳动，生活所需一切用度皆有国家制度保障，并且在极端困难的情况下同样如此。当然，军人们在战场上的表现非常勇猛，他们对荣誉的看重往往高于自己的生命，甚至将死于战场当作自己的最高荣誉。斯巴达人之所以能够长期保持强有力的战斗力，推行荣誉政体就是一个重要原因，这也是柏拉图非常崇敬军人的根本原因。

只可惜这种政体也有弊端，即统治阶层过于热衷战争，并且在战争之后任意发泄自己的欲望，造成战败方的沉重灾难。从某种程度上讲，这种政体尽管是最有效的，但同时也是最原始的，因为荣誉政体发起的战争基本和原始部落之间的战争相同，比如他们都会把战败方当成自己的奴隶。斯巴达人将雅典人征服之后，其傀儡政权未能推行有效统治，并且最终以失败宣告收场，一个不容忽视的原因就是斯巴达人对雅典人施加了强大的压力，以至于遭到雅典民众的强烈反弹。

寡头政体是由少数富豪（大多为富豪家族）组成的政治体制，该体制对于中国人而言似乎并不陌生，因为大多数人都听说过"四大家族"。这些政治寡头（大多也是金融寡头）往往控制着社会核心资源，随便一个家族都能够独自打造一个王国，或者他们本身就是一个独立的王国。由于面对统一的、强大的敌人，他们会紧密团结在一起，并且通过各种复杂的联姻建立政治关系，往往会形成强大的一荣俱荣、一损俱损的集团势力。但是这个集团势力的内部也会斗争分化，在没有强大外敌的情况下很容易发生内耗，以至于总是被一些小势力不可思议地重创甚至毁灭。

该政体的优势是能够迅速盘活社会资源，从而建立起强大的政治势力，因为所谓的寡头们往往在组成统一的政权之前，就已经占据了大量的社会资源。只是因为他们所占据的社会资源不足以完成对整个国家的有效控制，才进行了相互之间的联合，而一旦他们联合起来之后，其余的小势力就会风卷残云般被消灭。同时，各大家族之间也会形成一种制衡和内部优化关系，从而有利于政治局面的稳定和社会力量的进步，毕竟各大家族都会想尽办法壮大自己的势力。

只是这种政体的劣势同样在此，最初的联合关系注定了它的松散属性，因而一旦外部压力过大，各大势力就会寻求自保甚至相互拆台，很容易被外力逐个击破。而且当外部压力完全消失后，各大势力也会进行明争暗斗，最终必然会发展为一家独大才能达到平衡状态，好在这种争斗更多的时候仅限于统治阶层内部，并不会对普通民众产生负面影响。如果从总体来讲，这种政体基本只适用于社会权力过渡时期，或者各方势力承认彼此的势力范围，并且以此为基础建立稳定的联盟（或者称为联邦）关系，比如今天的美国。

民主政体也可以称之为全民政治，是一种不同程度民众参与的政治体制，相对来讲比较能够反映民众的意志，也比较有利于社会的发展进步。而且由于政治权力的平等，底层民众也开始有机会参与政治管理，一些出身底层的优秀管理者甚至有机会登上权力巅峰。在相当长的一段历史时期，民主政体被公认为人类的希望，见证了人类社会的大踏步前进，因而也被世界上的很多国家采用，并且直接成为今天民主制度的雏形。

该制度的好处在于社会的多元化构成，一方面能够为社会发展注入多元力量，另一方面又能够让社会矛盾消解于无形。比如某个小镇的人们将牛视为圣物供养，而另外一个小镇的人们则以吃牛肉为习俗，在彼此理解和尊重的前提下，他们仍然能够和平共处，甚至可能因个别领域的共同认知而建立情谊。相反，如果一个社会的主流价值观引导民众尊崇单一的价值观念，那么这两个小镇之间必然产生矛盾甚至争斗，和谐相处就只能化为泡影了。社会习俗如此，政治制度的推行也同样如此，我们政府推行的少数民族政策就是遵循了这一原则。

不过，民主制度的弊端也在于民主的多样化，因为其一旦发展过激或者过度，就会造成社会的碎片化。而且所谓的自由，往往是有前提限制的，所谓"你的自由以他人为界"，当一个社会的成员过度崇尚民主，那么这个社会将很容易变成一个自私的社会。因此，民主需要以社会的高度发达为基础，人们知道自己的权力边际在哪儿，确保做到既不允许别人侵犯自己的利益，也绝不去侵犯别人的合法权益，而古希腊社会显然并不具备这种条件。

僭主政体是民主政体的另一个极端，简单来说可以理解为独裁政体，即整个国家的民众必须服从于统治阶级，而整个统治阶级又必须服从于统治者一人。这种政体的标志就是君主的出现，他们往往将政权和神权集于一身，在精神层面上征服自己的臣民。为了实施有效的压制，君主们最喜欢推行严刑峻法，迫使民众完全服从于自己的意志。为了确保自己的绝对权力，哪怕是为自己服务的官僚机构，也必须进行严密的监管，一旦他们触犯禁令甚至比普通民众接受的惩罚还要严重。

僭主政体的好处是能够促成社会权力的高度一致，如果这个社会的统治者是一位智者，那么即便社会发展从零开始，也能够在短暂的时间内收到巨大成果。在各朝各代的更替过程中，开创基业者往往具有过人的心智，因而他们往往也能够开创出一个盛世，帮助整个国家（包括普通民众在内）进入一个富裕稳定的时期。这样的政权，也会随着辐射范围的扩大而惠及更多的臣民，同时让中央政权更加强大，从而不必担忧外敌的入侵，避免遭遇那些"小国寡民"的厄运。

同样，僭主政体的弊端也来自其权力过于集中，一旦统治者的心智不足以运筹整个社会的运转，蝇营狗苟之辈就会乘虚而入，造成社会资源的严重流失和分布不公。更加可怕的事是，由于僭主政体的设计是自上而下的单向管制，下一级权力者需要承受的压力往往会越来越大，而当这样的压力经过无限放大后作用在底层民众身上，很可能已经到了一种无法承受的地步。雅典的"三十僭主"政体之所以被推翻，其制度设计不合理固然是一个很重要的原因，但其制度在推行过程中的严重畸变显然更重要。

需要说明的是，以上四种政体的出现和存在并非偶然，而是当一种政体发展到一定程度之后，必然会被后一种政体所取代，四者甚至可以认为是一个反复轮回的大循环。柏拉图目睹了民主制度和僭主制度的历史轮替，也见证了社会经济和民众生活的不断下滑，因而他认为四种政体是不断退步的。这一认识虽然有其历史的局限性，但是相比其他同时代的哲学家（包括他的老师苏格拉底在内）已经具有很大的进步意义，而且作为一位以天下为己任的哲学家，柏拉图还提出了"贤人政体"，从而构建出了他的理想国图景。

社会、国家与个人

在柏拉图所构建的理想国度中,社会、国家和个人是三个核心论述的命题,同时这也是其提出的贤人政治的三大基石。我们想要研究柏拉图的哲学政治思想,这三个主要命题是不能逃避的,同时只要我们将这三个命题分析和理解清楚,也就能够基本完成对柏拉图哲学政治的学习理解。需要说明的是,这三者并非独立存在,它们之间存在复杂的内在联系,因而我们必须学会用发展和动态的眼光去探求。

按照柏拉图的想法,一个国家的公民应该分为三个阶级,首先是劳动阶级(包括农民、工人和商人),他们负责整个社会的物质生产和交换,以完成整个社会的经济运转;其次是军人阶级(或者称之为武士阶级),他们介于统治阶级和劳动阶级之间,一方面要帮助统治者攻城克敌,另一方面也要帮助统治者驾驭劳动阶级;最后是统治阶级,他们拥有至高无上的权力,同时也必须履行管理国家的义务,以上三个阶级之间相互作用,将整个国家的政治格局分为三个大的模块。

在此基础上,柏拉图还提到一个重要的观点——人尽其才。即每个人的本性都是不一样的,因而注定有一种工作适合他,统治者也只有让他们去做适合的工作,才能让他们发挥最大的效率。柏拉图在其著作中提到:"神用金子创造了具有政治天赋的人,由他们组成统治阶级;用银创造了具有军事天赋的人,由他们组成统治阶级;用铜和铁创造了农夫和工人,由他们组成劳动阶级。"很显然,柏拉图在这一时期构建的理想国度,是一个等级森严的社会,公民处于三个等级之中完全无法挣脱,很大程度上有失哲学家的先进性和预见性。

至于文化教育,柏拉图认为统治者应该注重培养公民的智慧、勇敢、自制和正义,最终在整个社会范围内形成一种风尚。需要说明的是,柏拉图将智慧的培养指向统治阶级,即统治者只能培养本阶级内的人以智慧,让他们有能力帮助自己更好地完成统治事务;勇敢的培养指向军人阶级,军人要拥有勇往直前的勇气,敢于随时献出自己的生命,从而打造出统治者的强制力量;自制则着重指向劳动阶级,以告诉他们劳动是自己的使命;正义指向三个阶级,维持三个阶级的政治框架是所有公民的义务(即正义)。

不仅如此,柏拉图还将正义推到了高于智慧、勇敢和自制的高度,最终将其打造成为一种道德观念,因而全社会的成员不仅都成了监管者,同时也都成了被监管者。为此,柏拉图特别强调了处于三个阶级的人要各安其分,各尽其职,以此保障整个社会的正常、稳定和持续运转。如果处于三个阶级的人相互僭越,哪怕只是相互干扰,整个国家机器的运转效率也会大打折扣,那么当这个国家遭遇大规模的外敌入侵时,很容易遭受灭顶之灾,所以逾越自己的阶级也是一种非正义、非道德的行为,应该受到所有人的谴责。

借助智慧、勇敢和自制学说,柏拉图还论述了个人的修为,并且提出了个人修为的三种美德,即理性是智慧的美德,激情是勇敢的美德,节欲是自制的美德。柏拉图指出,理性来自灵魂,而激情和欲望来自肉体,二者最根本的区别就是理性和非理性,人们在进行自我修为时必须认识清楚。当然,理性、激情和欲望都存在于每一个人的身上,任何一个都不应被剔除(因为根本无法剔除),我们只要将三者进行合理的安排,让它们相互之间形成积极的促进作用，就能够不断增强个人修为，最终完成灵魂的升华。

还有一点需要格外注意，即柏拉图所设想的统治者，必须是一个哲学家，甚至必须是一位哲学大师（即所谓的哲学王）。换句话说，只有让哲学家拥有政治权力，或者让政治家变成哲学家，才能让一个国家长治久安，因为只有真正的哲学家才能完成个人修为和国家治理的双重指引。柏拉图提出这一学说之前，曾经做过大量社会考察，因而该学说具有一定的事实基础。但是这种将理想主义应用到现实政治中的观点，还是会受到政治力量的抵制，毕竟无论是让政治家变成哲学家，还是让哲学家拥有政治权力，对政治家都是不利的事情。

然而，柏拉图还在坚定地推行着自己的学说。在他看来，对于国家而言统治者是最主要的成员，而对于统治者来说哲学是最主要的智慧，所以统治者必须经过真正的哲学训练，他们追求真理，热爱真理，以真理为目标引导整个国家走向繁荣富强。如果一个国家的统治者只研究政治而不研究哲学，或者只研究哲学而忽略政治，都会将国家带上歧途，人民和统治者最终都将难逃厄运。在此，柏拉图正式提出了哲学王的观念，同时指出只有让哲学王成为国家的统治者，才能让整个国家的民众得到安定的生活。

关于所有制的问题，柏拉图也进行了详细叙述，并且同样做出了区别对待。首先，对于统治阶级和军人阶级来说，应该取消私有制，推行公有制。柏拉图认为，统治阶级和军人阶级应该专注于整个国家的运转，而不应该关注个人的财富，否则就会被贪婪俘虏，利用劳动阶级创造的价值来满足自己的欲望，最终堕落成为劳动者的敌人。当然，由于统治阶级和军人阶级不参与劳动生产，他们的生活所需均由劳动阶级来满足，如果处于这两个阶级中的人想要拥有自己的财富，就只能放弃统治阶级和军人阶级的身份，变成劳动阶级的成员。

从此也可以看出，柏拉图主张在劳动阶级当中推行私有制，或者说让市场经济在他们当中充分发挥作用。只是为了维系权力平衡，劳动者的财富必须进行严格限制，这样做首先是为了防止劳动阶级中出现财富的两极分化，影响该阶级的正常运转；其次是为了防止一些劳动者在获得大量财富后，威胁统治阶级和军人阶级的权益；最后也是为了防止统治阶级和军人阶级间接参与非法牟利，对整个社会的三级框架构成危害。需要说明的是，柏拉图所设计的政治框架，是针对中等城邦国家所设计，因而在适用性上存在一定的局限性。

婚姻和家庭也是柏拉图的关注对象，他认为男女只是身体构造上存在差异，在社会事务中应该受到一致对待，所以女子应该和男子一样承担社会责任。当然，女子也应该享有和男子相同的社会权力（比如受教育权），然后在为社会服务的过程中分出优劣，最好能够使男女之间形成一种竞争关系。为了彻底消除私有制，柏拉图还主张婚姻由国家组织与审核，当然还有一个主要目的就是让最优秀的男女结合在一起，从而生育出优秀的后代，并交给专门的机构进行抚养，以此来提高整个国家民众的素质。

最后，柏拉图还对教育做出了论述。柏拉图认为，一个人的思想和行为由他所接受的教育决定，所以国家需要什么样的人才，就应该设定什么样的教育方法，同时针对具有相应天赋的孩子进行相应的教育，如此就能为国家机器的运转注入源源不断的力量。此外，柏拉图还对国民从3岁到50岁应接受的教育做出了具体安排，同时这也是一个优中选优的过程，最终的胜出者将成为新的统治者。由此也可以看出，柏拉图心目中理想的统治者，需要经过漫长的教育训练和实践检验，得到全身心和全方位的历练，直到他蜕变成一位真正的哲学王。

灵魂的升华

在柏拉图看来，一切问题最终都可以归结为灵魂问题，因而注重一个人（尤其是哲学家）的灵魂修为，才是最重要的事情。柏拉图认为，灵魂对事物的认识可以分为两个层面，其一是对现象的认识，这一层面的认识也可以称之为视听等感官对事物的认识；其二则是对真理的认识，这一层面的认识才是真正的灵魂对事物的认识。作为普通人，对于事物的认识基本停留在现象层面，哲学家需要做的事情就是引导他们认清事物本质，当然哲学家自己首先要对真理有无限热忱的追求，并且具备了一定的哲学修为。

对此，柏拉图提出"两个世界"和"两个认识"说。在柏拉图看来，美与丑、正与邪、善与恶等诸多"相"，都具有纯粹的属性，但是它们以具体事物呈现出来以后，却是多种多样的形式。换句话说，"相"是单一的，但"相"的具体呈现却是复杂的，比如某人被公认为一个正义的人，那么我们可以认为他是一个纯粹的人，是正义的"相"的化身。但是，我们何以得出这样的结论，一定是因为这个人做了很多正义的事情。如果这个人只做了一件正义的事情，那么他的正义属性就是有限的，同时也很难被公认为正义的人。

由此可见，美的属性（即"相"）和美的事物是两个完全不同的概念，二者是包含者与被包含者的关系，即任何一个美的事物都具有美的属性，而美的属性包括所有美的事物。只看到美的事物而看不到美的属性的人，只是一些拥有见识的人；既看到美的事物又看到美的属性的人，才是拥有知识（即智慧）的人。拥有见识和拥有知识是两种不同的认知能力，前者只能见一物识一物，依靠自己的经验积累增加知识量；而后者则能够触类旁通，即通过对一个事物的了解，就能够对同类事物建立充分的认知。

据此，柏拉图还对真正的哲学家做出评判，即并不是所有研究哲学的人都是哲学家。很多哲学家只是在前人的基础上看到了很多美的东西，却从来没有自己做出思考，这种所谓的哲学家和普通人并没有太大区别。只有透过美的表象看到美的本质（即"相"）的哲学家，才是真正的哲学家，他们能够看到永恒不变的美，绝不会因为具体事物的变化而感到困惑。前者是爱见识的人，后者是爱知识的人，爱见识的人的意识往往浮于表面，爱知识的人的见识则能够深入事物内在规律，往往根据眼前所见就能够预知未来发展。

概括来讲，透过表象（即具体事物）看到本质（即"相"），或者称之为以思想认识事物本质，所获得的是知识；透过表象增加阅历经验，或者称之为以感官、感觉认识事物，再以纯粹的经验去解决问题，所获得的只是见识。同时，理性的认识对象是"相"，而感觉的认识对象是具体事物，前者得到的是真理，后者得到的则只能是经验。真理能够让我们认清并把握所有事物的发展规律，从而不管遇到什么样的事物，以及遇到什么状态的事物，都能够从容不迫地应对。而经验只能让我们解决曾经出现过的问题，接下来哪怕只是相同的问题换一个地方出现，也可以让我们措手不及。

当然，经验和真理并不是一对矛盾体，而且恰恰相反，对于很多资质不是很好的哲学家而言，二者是一个从量变到质变的发展过程。一个基本事实是，哪怕是一些哲学天赋很高且最终成长为哲学大师的人，他们最初对真理的探寻也是从具体事物开始，只不过他们对于知识的把握能力较强，因而很快就完成了对真理的认知。而对于那些哲学天赋较低（这样的人是绝大多数）且最终只是称为普通哲学家的人，他们对真理的探寻将长期停留在对具体事物的认识上，但只要他们足够勤奋，最终还是能够通过量变的积累完成对真理的质变认知。

作为一位统治者，他不仅要让整个统治阶级学习真理，同时其本人必须更加注重学习真理（当然统治者是从哲学天赋较高的人中选取而来）。只有这样，国家的统治才能长期安定团结，并据此不断向前发展壮大，最终发展成为一个繁荣富强的伟大国家。对此，柏拉图要求统治者必须拥有最高的智慧——"善的相"，这是一种高于正义的东西，同时也高于勇敢和自制。那么，究竟什么才是"善的相"呢？柏拉图对此并没有直接给出答案，而是采用了一个简单的比喻。

柏拉图认为，事物是可见而不可知的，"相"则是可知而不可见的。这就好像人类用自己的眼睛去看东西，眼睛是可感器官，东西是可见颜色，但是，如果没有光作用在东西上，眼睛将无法看到东西。而按照我们的认知习惯，只有眼睛是健康的，东西是可见的，就能够看到具体的东西。在这里，眼睛就是我们的灵魂，东西就是感官（收到）的信息，而光就是不可或缺又极易被忽视的"相"，或者也可以称之为真理。由此可见，我们以为只要有眼睛和事物就可以完成"看"这一动作并得到结果，是一种忽略真理的错误认知。

与此同时，光不仅能够让我们看到事物，同时也可以让事物发生、发展和衰老，因而光（这里指阳光）的存在对事物发展存在必然关联，当我们能够认识到光的这一作用后，就认识到了"善的相"。因此，我们所看到的任何事物，都有其存在的原因，并且是在这个原因的促使下变成我们看到的样子。由此可知,我们所看到的任何事物,都将成为其未来的样子的原因,即任何事物都是处在发展变化之中的。当我们看到一样事物的时候,就得到了关于它的感官信息;当我们能够看到它的发展过程之后,就得到了它的"相";而当我们能够看到它的发展规律,并据此预判它的未来时,就拥有了"善的相"。

在此基础上,柏拉图还在灵魂与实物之间建立了一个线段,并且以认知程度划分为四个部分,即实物、实物影像(可供视觉接收的信息)、视觉(实物影像信息)、灵魂。按照这一划分方法,我们想要认清任何一样事物,都要研究这个事物本身、事物能够产生的影响(即事物之间的联系)和我们能够收到的信息(对我们有用的结论),最后才是我们接收到的真正信息。在这四个"分段"中,前面三段分别是认识、认知和认清阶段,唯有最后一段才是掌握(真理)阶段,或者称之为得到"善的相"的阶段。

最后,柏拉图还做了一个关于洞穴的比喻:一群人生活在黑暗的洞穴里,只能依靠火光照亮的事物来认识世界;有一天他们忽然发现了一个规律,即火光越亮自己看到的东西就越清晰,于是他们开始想尽各种办法加大火光;终于有一天,他们没有办法继续下去,勇敢的人决心走出洞穴,于是他看到了星光和月光,并借此看到了整个世界的轮廓。当他回到洞穴叙说自己的所见时,所有人都不敢相信,直到他们一起装着胆子走出洞穴,才终于看到了阳光普照的朗朗乾坤。

万物始于模仿

关于事物与"相"的关系,柏拉图已经进行了详尽的论述,并且提出了"相"和事物的"两个世界说"和"两种认识说"。在本篇当中,柏拉图又提出了"模仿说",来进一步阐述"相"和事物的关系,同时也丰富了柏拉图的哲学理论。更加契合的是,柏拉图的"模仿说"和我国老子的"一生万物"思想有异曲同工之妙,即万物同出一源,或者说世界上只有一个本真的"相"。但这个"相"具备了越来越成熟的条件后,就开始分化产生新的事物,实际上就是从这个"相"中分化出两种类似的事物。如此分化事物(即模仿事物)就会越来越多,直到形成整个大千世界,并且仍在不断丰富。

在柏拉图看来,每类事物都有一个独立的"相",同时这个"相"包含若干个符合该"相"的具体事物,因而具体的事物之间都存在不同程度的模仿。比如某工匠想要建一座房子,这座房子的样子会根据房子的需求和工匠的经历来决定,因而世界上有多少个工匠,就可能造出多少种样式的房子。但不管有多少种样式的房子,其基本属性(即"相")是一致的,即都是给人(或者动物等)居住的,所以房子和房子之间必然有相同的属性,针对这部分相同的属性,我们就可以说一座房子是模仿另一座房子而来,而事实往往也正是如此。

一个基本事实是,每个工匠都可以造出一座房子,但任何一位工匠都不能说自己造的房子是唯一的房子，或者说是真正的房子。因此，每座具体的房子都是"相"的投影，或者说都是模仿"相"而来，却不能说它是"相"本身。那么，房子的"相"是不是就是最本初的"相"呢？答案还是否定的。从理论上来讲，人类能够建造出一切事物，但这些事物往往是模仿自然而来的，我们仍然以房子为例，它的原形就是山洞、树洞等自然界存在的事物，其属性和房子的属性极大程度相仿。

我们对"相"及"模仿说"的了解还可以借助一个职业——画家，除了那些极度写实的少数画家外，基本上所有画家的作品都是和现实世界中的事物有所出入，但同时又大多是模仿现实世界中的事物而来。即便是当下比较流行的摄影行业，在他们摄取到一定的影像之后，还是会经过各种各样的修饰，直到照片上的影像完全符合自己脑海中的影像。因此，画家（或摄影师）的作品也不过是自己脑海中的"相"，这些"相"和具体事物之间有各种各样的差别之处，同时也存在相同之处，这些相同之处就可以称之为"相"。

在此，柏拉图将世界分为三种"相"，一种是真正的、本来的"相"，这类"相"由天地自然结合而成，其形态大致相同（比如山河湖海）；一种"相"是人为创造的像，比如上面提到的房子，它是基于人们所需求的某种功能而成，但是能够满足人们所需功能的床各种各样，因而床和床的"相"其实是两个概念；还有一种"相"是人们脑海中的像，比如画家或者摄影师作品中的"相"，它存在于每个人见到具体的"相"的人的脑海中，实际上不过是这种"相"的一个投影而已。

世间万物亦是如此，天地结合产生各种各样的事物，人们最初只是简单地加以利用，等于依循了最原始的"相"。但是，人们的具体需求和自然产生之物必定存在差异，于是人们便开始对自然之物进行改造，以尽可能适应自己的实际需求，直到脱离自己去独立建造自己需要的事物，这就是人们模仿自然而造的"相"。此后，每个人根据自己的所见所思，都会造出自己的房子，或者将自己所想象的房子投射到画纸和相纸上，而这个过程当然也是从模仿别人的房子（也可能是别人画的房子或拍摄的房子）而来。

"模仿说"与柏拉图此前的学说相比，显然又有了一定程度的提升，最主要的表现就是以"模仿说"提出了"相"的三要素——模仿对象、模仿者和模仿产物。简单来说，模仿对象就可以称之为"相"，模仿者是每个探寻真理的人（主要指哲学家），而模仿产物就是各种各样的具体实物即哲学家得出的各种哲学理论。由此也可以看出，我们想要探寻本真的"相"的奥妙，还必须以具体实物和哲学理论为基础进行反推，了解模仿者的探寻过程，最终才有可能触碰到真正的"相"。

以此为理论基础，柏拉图还对"四大政体"进行了论述，并且以"四大政体"的不足为契机，提出了自己所主张的"贤人政体"，即建立由哲学王统治的智慧型国家，柏拉图将其称之为"理想国"。当然，哲学王不会凭空产生，他的出现需要依赖严格的教育经历（包括理论学习和实际操练），这也让柏拉图最终决定将毕生精力投注到教育事业上。为了打造理想中的哲学王，柏拉图还在教育课程中设置了算术、几何、天文、音乐、体育等门类，以帮助受教育者完成从身体到灵魂的提升，直到他成长为一位名副其实的哲学王。

实际上，柏拉图中期的政治和哲学思想，即理想国和"相"的提出，具有明显的时代背景。当时，希腊城邦的民主制度已经走向衰落，所谓的民主沦为一些政客的工具，他们以此蛊惑民众攻击异己，以至于整个社会都陷入了混乱。受此影响，尽管所有人都打着民主的旗号，但所做的事情则完全为了一己之私利，这就为智者提出的个人主义思想提供了滋生蔓延的土壤。尽管智者提出的个人主义思想有个性解放之正面意义，但此时显然被人们用作掩盖自己私心、私欲的工具，以至于以往的价值观念被践踏殆尽。

正是在这种历史环境下，柏拉图（包括此前的苏格拉底）才继续将民众的价值观念拉回正轨，重新建立起正确的价值观念和社会秩序。对此，柏拉图首先提出了"相"，认定世间有永恒不变的事物存在，主张理性是最高的智慧，以消除智者提出的怀疑论。在此基础上，柏拉图又提出贤人政体（即哲学王统治国家），并且对现有政体进行改革，在哲学和政治理论基础上建立起理想的城邦国家制度。而这些显然都要建立在理性认识上，任何感性认识都只能为理性认识服务，唯有如此人们才能获得真理，从而得到最高境界的"相"。

第十一章
法律思想：如何用暴力机构维护和平正义

本篇是柏拉图生前的最后一部著作，同样采用对话体形式进行，其中主要对话者是一名雅典人，他提出了本篇中的大部分政治和哲学观点，其实就是柏拉图自己的观点。另一位对话者克里尼亚即将前往治理一座新城，因而前来聆听"柏拉图"的教诲。在此，柏拉图为了说明自己的哲学政治思想，特意搭建了一个简单的场景，同时他还隐去了自己的身份，说明他已经注意到了文学手法在思想传播中的重要作用。

—— 道德是立法的基础 ——

内容方面，柏拉图将全篇分为十二卷，论述内容涉及政治、经济、文化、教育、法律、宗教、哲学、婚姻和家庭等，基本涵盖了建立一个国家所需的全部理论基础。当然，柏拉图所论述的这些政治和哲学理论，也都具有一定的实践基础，有些理论甚至已经应用到了实际的政治活动中，并且起到了卓有成效的作用。因而从柏拉图一生的全部著作来看，本篇无疑是最为全面和深入的，同时本篇也是柏拉图一生智慧的结晶，对于其哲学政治思想的研究有着极其重要的作用。

在开始论述问题之初,柏拉图首先抛出了一个问题,即法律是由人制定的,还是由神制定的?克里尼亚回答说是由神制定的,因为神是万物(包括人在内)的主宰,是他创造了人类,那么他必然也要制定管理人类的制度,也就是法律。柏拉图对克里尼亚的回答给予了否定,并且解释说神只能制定神的法律,人的法律要由人来制定。如果统治者用要求神的法律去管理人民,结果注定会事与愿违,招致所有人的反感甚至反抗。当然,人制定的法律也绝不能由着人类的需求去制定法律,而是应该将神的意志和人的意志结合来制定法律。

比如饮食和性欲是人类的本性,但也恰恰是这两种本性,能够点燃人类的欲望之火,直到最终将自己烧为灰烬。而神的意志又要求人们完全舍弃欲望,回归到纯粹的理性状态,因为只有这样才能得到终极的智慧,甚至可以说拥有神的智慧。因此,真正的统治者在制定法律的时候,一定会全力引导民众归于理性,同时合理满足他们的基本欲求。这样一来,民众能够合理控制自己的欲望,统治者也就能够合理控制民众,让整个国家的运转达到一种动态平衡的局面,避免出现饮鸩止渴的不利局面。

接下来,柏拉图又和克里尼亚讨论了自己的政治观点,向他询问对公餐制度、体育训练和佩带武器的看法。克里尼亚回答说,统治者应该注重培养民众的勇气,同时让他们不必为日常生活担忧,从而随时为战争做好准备。换句话说,统治者这样做就是以战争为前提来考虑的,甚至可以说是为了战争做准备。当国家和民众都做好了战争的准备,那么他们不但不会惧怕任何人发起的战争,同时还能获得战争的主动权,以战争威胁作为政治行动的有力辅助工具,当然也可以在必要的时候主动发起战争。

这次,柏拉图不仅否定了克里尼亚的回答,而且进行了适度的批判,认为他的国家已经走上了战争迷途。同时,柏拉图也对自己的理论做出解释，公餐制度是为了让民众消除自己的私心，而私心是引起纷争的罪魁祸首。体育训练是为了让民众获得健壮的身体，日常生活中不必被病痛侵蚀灵魂，遇到外来入侵时也能打造出强有力的军队。而佩带武器则是为了保持理性，因为所谓的武器通常由两部分组成，即攻击性武器（如刀剑）和防御性武器（如盾牌），这是在提醒每个人攻击和防御在军事上同等重要。

事实上，这些还仅仅是表层的理论，柏拉图接下来还深层论述了自己的观点。即美德可以分为两种，一种是神的美德，另一种是人的美德。同时，神的美德又分为智慧、自制、正义、勇气；人的美德也分为健康、美丽、强健、财富。需要说明的是，人类的美德是依据神的美德而生，换言之，如果一个人想要拥有至高无上的美德，首先应该拥有神的四种美德，然后才能得到人的四种美德，即所有美德的排序是智慧、自制、正义、勇气、健康、美丽、强健和财富，人们也只有获得了后一种美德才能拥有前一种美德。

由此可见，克里尼亚所说的勇气只是排在第四，以此来制定国家法律显然偏离了柏拉图的政治哲学思想，以战争为前提更是谬之千里。在勇气之前，立法者（主要是统治者）还应注重正义、自制和智慧，并最终将民众引向智慧这一最高的美德。因为无论是作为一个国家还是一个人，只要拥有了智慧就能拥有其他一切美德，否则其他美德便无从谈起，个人修为的迷惑和国家治理的错乱也将成为时间问题。

事实上，柏拉图在此批判了斯巴达人和克里特人崇尚勇武的立法思想，这样的法律看似是在鼓舞民众的勇气，实际上则是在煽动战争。立法者在制定法律的时候不能忽略勇气，但是应该把它放在次要、次要、再次要的位置，将智慧、自制和正义等全部美德作为法律导向的目标。同时，柏拉图还指出立法者应该注重道德对于政治的重要性,因为道德不仅为法律提供了重要的参考,而且能够形成强大的、低成本的社会监督力量,一旦得到善用,统治者将受益无穷,为此柏拉图直言道德就是法律的基础。

法制创造完善国家

柏拉图在本篇内容中再次论述了国家的起源问题，只是与前面的论述角度不同，转而开始关注国家起源的时间问题。在《国家篇》中，柏拉图以物质发展（即社会分工）来作为国家产生的基础，但物质生活严重匮乏的时候，甚至连生命安全都得不到保障的时候，人们通过群居的方式来增加生存几率，被迫进入一种公有制的生活。当物质生活能够满足人们的需求并且出现剩余后，大范围的社会分工开始出现，城邦作为社群组织的基本安全保障，开始成为普遍的政治单位，这就是《国家篇》中对于国家起源的基本论述。

当法律观念形成之后，柏拉图发现一个国家的兴衰过程，本身就能够很好地说明国家的起源和发展问题。众所周知，历史由若干个国家的兴亡史组成，或者一个国家之中有若干个政权交替，而这些国家的兴衰和政权交替，就成了柏拉图研究的对象。简言之，以物质发展作为国家起源的研究，等于是从原因（即国家产生的原因）推理到结果（即国家），以时间作为国家起源的研究，等于是从结果反推到原因。这种哲学观点上的转变看似荒诞，却标志着柏拉图的哲学智慧已经走向极致，同时带给我们的启示也更加成熟和丰富。

根据以往的管理，柏拉图同样以假设说做出研究起点：在很久以前，今天的陆地大部分还在海面以下，只有一个山峰露在水面以上，而这些山峰也就成了人们宝贵的栖息地。由于被阻绝在各个山顶之上，又不具备航行的能力，各个山头上的人们完全无法相互往来，所以他们之间也就不存在矛盾和争斗。作为一个生存单位，家长制成为基本的政治制度，即山头上辈分最高的人成为首领，祖先崇拜就是这些人权力的来源。当然，这一时期的生活极其简单，人们需要将全部时间和精力投入到生存需要上，即便如此仍有可能冻饿而死。

后来，随着陆地大面积露出水面，各个山头之间开始建立联系。又因为陆地比山顶更加适宜生存，人们陆续开始从山头移居陆地，生存空间便开始有所重叠。于是，生存空间的增加开始让各个部落的人口增长，而人口的增长势必需要更大的生存空间，部落之间的矛盾和争斗便随之开始了。同样是为了增加生存几率，一些弱小的部落开始联合起来，去抵御那些强大的部落（同时也包括强大的部落联盟），于是最开始的联盟关系便出现了。而联盟一旦出现，更大范围的联盟便随之星火燎原般出现，同时联盟内的各种协约也随之产生，这些就是最早的法律形式。

为了方便管理和统一行动，各个部落公推出一位共同的首领，并且派出代表前往首领处制定统一的制度。接下来，首领派人到各个部落进行管理，同时建立其武装力量保护整个部落的安全，而军事力量的指挥权则为自己所用，整个部落联盟的权力由此从各个部落逐步转移到首领手中，但家长制并没有因此退出历史舞台。为了更好地管理民众，法律制度被进一步完善和推行，受此影响国家形式也更具现代化，联盟的规模更是越来越大。

但是，不管联盟规模如何壮大，终归还是会有其他的联盟，联盟之间具有不可调和的矛盾，冲突也就在所难免。不仅如此，一些仍旧生活在荒蛮之地的原始部落，也会向平原部落发起突袭，而平原部落经过世世代代的和平生活，在战斗力上已经远远不如原始部落。为了保护自己的安全，部落联盟开始修建城墙、城堡，部落联盟也随之演化成为城邦联盟，国家的政治形式由此开始崭露头角。

城邦的出现，使社会生产力大幅提升，这让人类掌握了前所未有的力量，贪婪开始慢慢爬上民众的心头。而剩余劳动力的出现，也给了好战分子肥沃的生存土壤，再加上原始部落时期的战争之痛已经被人们遗忘，战乱随即铺天盖地般袭来，这就是《荷马史诗》中提到的特洛伊战争时期。战争不仅快速消耗了剩余劳动力，而且掏空了各个城邦的基本劳动力，统治者为了谋求生存，只能推行战时体制（即全民皆兵），这才出现了斯巴达这样的国家，最终也只有他们成功生存了下来。

当然，此时的人们（包括统治者在内）早已厌倦了战争，那些曾经想要通过战争手段满足贪欲的人也愕然发现，在战争之中根本没有真正的胜者，而只有打破规则后的人人自危和疲于奔命。于是，重新建立规则（即法律）成为人们迫切的希望，而此次法律所适用的范围也注定更加广泛，人们对于法律的信念也更加坚定。随之，国家以城邦和城邦联盟的形式纷纷出现，而法律也终于演变成为法制深入人心，成为今天之西方国家最为核心的文化观念之一，并促使他们成就了人类最为辉煌的历史时期。

但柏拉图同时指出，人类的欲望深不见底却各式各样，而且每个人都希望自己的欲望能够得到满足，但这种欲望很可能与理性背道而驰。对此，柏拉图提出了一个著名的观点，即人类最大的无知就是快乐的感觉和理性的认知不一致，简单来说就是一个人明知道自己做的事情是错的却仍然执迷不悟。这个时候，如果法律没有明确且严格的惩戒，人们的欲望就会疯狂滋长，最终导致人们价值观的崩溃和社会秩序的混乱。因此，柏拉图认为最好的政治既不是极端的专制，也不是绝对的自由，而是应该介于两者之间，并处于动态平衡。

在此基础上，柏拉图还指出要对统治者的权力进行监督，从而完成对整个权力体系的制衡，避免因权力过于集中而造成政治独裁和腐败。因此，立法者在制定法律的时候一定要设法将民众引向智慧、自制、正义和勇敢，同时对执法者（包括统治者）设置有效的监督机制，使整个社会的权力在制度之中运行，而不是受到某些人尤其是某个人的支配。这表明柏拉图已经意识到统治者权力过大会将国家引向歧途的问题，所以开始主张分散和制衡权力，这与他此前提出的哲学王观点显然有所矛盾，但这恰恰表明了晚年柏拉图的政治成熟。

完美的半神国度

在经过全面的理论交流之后,克里尼亚提出了实际的问题,即自己受克里特政府的委托,要去治理一个新近被克里特政府殖民的城邦,希望能够得到柏拉图的具体建议。在正式给出建议之前,柏拉图让克里尼亚对自己所述的理论进行归纳总结,以此来试探他对自己哲学理论的了解程度。克里尼亚经过一番思考之后,提出了"自由""智慧""和谐"三大原则,柏拉图对此表示肯定,并且表示这正是建立完善法律的基础,而完善的法律必定能够打造出完善的国家。

事实上,这样的场景在柏拉图学园比比皆是,某个城邦国家新建一个城邦,通常都会委派一名官员前去建立新制度。而以当时的学界风潮,官员们在前往新城邦之前都会到柏拉图学园进行请教,有些人甚至不远万里前来请教。而对于这些官员的请教,柏拉图通常会提供中肯的建议,如果前来请教的官员有切实请求,柏拉图还会委派自己的学生随其前往新的城邦,这些学生也可能由此成为新城邦的官员。由此可见,人们前往柏拉图学园学习,并不仅仅是为了学习本身,同时也是为了能够通过柏拉图学园走上仕途。

谈到具体的建立城邦问题,柏拉图首先在地理上做出了建议。由于克里尼亚将要管理的殖民地多山,属于比较闭塞的地区,好在一面临海,又具备建立港湾的条件,柏拉图便建议克里尼亚将城邦建在海边,即打造一个具有港口性质的城邦。如此一来，只要打造出一支足够规模的船队，就可以充分利用海上资源，不仅可以将城邦所属地区资源通过海路与其他国家进行贸易，同时还可以不断开发海洋即沿海地区的资源。不过，柏拉图也表明这样做的目的是为了满足本国人民生活所需，而不是为了对外掠夺和扩张，否则就会招致战争灾难。

有了城邦还要有民众，柏拉图认为新城邦的民众一定要多元化，因而新的政策不能只倾向于克里特移民，任何想来新城邦居住的人民都应该得到相同的政策和待遇。而对于城邦属地的原住民，只要他们按时按量缴纳赋税，可以允许其拥有一定的自治权。但是要注意，必须控制他们的规模，最好是让他们之间相互制衡，如果是不同的民族，就想办法将他们分化。从大的原则上来讲，对于弱小的势力要扶植，对于强大的势力要削减，避免出现割据一方、尾大不掉的情况。

城邦和人民都具备之后，必须尽快形成社会文化，争取让每个民众对新城邦产生归属感和认同感。这就需要建立一个强大的文化机制和执行团队，利用全新的城邦观念破除旧有的部落文化，同时以国家发展的红利惠及所有民众，引导他们参与新城邦的建设和发展。对于优秀的人才，要注意吸收和进一步培养，然后对他们委以更多的重任，并以他们为标榜继续对民众施加引导。当所有人都心向城邦之后，社会文化就会随之形成，新城邦的建设也会由此发生日新月异的大发展、大变化。

为了更好地将人民团结起来，还可以公推出一位精神领袖（或者称为道德楷模），使之凝聚整个社会的文化，带领人们紧随城邦的政治方针。事实上，这位领袖就是整个城邦的主宰者，因而在建立法律制度的时候，必须注意限制他的权力。当然，城邦在选举这个人的时候就应该设置严格标准和长期考验，毕竟这个人会成为城邦未来的统治者，即便对他的权力进行限制，还是要赋予他足够大的权力，并且整个国家机器的运转也要由他来进行有效推动和监督，所以这个人必须集才能和道德于一身，并且以城邦命运为个人使命。

在此，柏拉图还以神话的形式描述了一个由半人半神统治的世界。在这个世界中，统治者（半人半神）能够得到神的感召和启示，同时也能够维护人类的利益和尊严，从而创造了一个完美的国度。借此，柏拉图指出一名真正的统治者不能仅仅要求民众，同时也要对自己的灵魂进行观照，他的意志力修炼到什么程度，将直接反映到国家的治理情况上。统治者不一定要成为神，但一定要以神的方向为目标，只有这样才能称为精神领袖和道德楷模，以神的"化身"和光环对人民形成感召和引导。

除此之外，对于统治阶级的代言人（即智者），柏拉图也提出了理论批判。他指出，法律的制定不能只为统治阶级（主要是统治者）服务，这样的法律人民不会认可，执行过程中只能依赖强大的压力。众所周知，压力在实际推行过程中又会被无限放大，如此民众惧怕的不再是法律的权威性，而是统治者的个人意志，那么这个城邦的统治将始终命悬一线。如果法律高于统治者，统治者不得不遵从法律才能行使手中的权力，那么这个国家的人民都将自愿遵从法律，同时也会对那些践踏法律的人产生反感和排斥，最终以此在所有人心中形成核心社会价值文化。

接下来，柏拉图又提到了财产分配的问题。他认为，绝对的公平是不可能的，一刀切的分配制度也会削弱人民的劳动积极性，最终导致社会生产力衰落。因此，柏拉图主张将人民的财富分为四个等级，以满足最低等级人民的生活需要为基础，逐级设置相关法律制度。人们可以通过自己的努力上升级别，同时对于那些不思上进的人，也会因为定期的财富评估而降低等级，但即便降到最低还是能够得到基本生活保障。这样做是为了避免社会出现极度贫穷或富有的人（或群体），因为极度贫穷或富有都会让人心生邪恶，从而威胁整个社会的正常秩序和发展。

法治下的标准化国家

在本篇内容中,柏拉图开始注重法治的重要性,将其视为维护国家长治久安的根本,统治者虽然拥有最高的权力,但是也应该置于法律的监督之下。换言之,统治者应该为民众的敬法、守法做好带头作用,而不是凌驾于法律之上,同时也不能让任何人钻法律的空子。唯有如此,才能做好一位统治者,并治理好自己的国家,让民众安居乐业,从而在城邦与城邦、国家与国家的竞争中立于不败之地。

关于立法的具体问题,柏拉图首先论述了官僚机构的设置。首先,所有官员必须经过长期严格的教育和训练,然后在他们当中从优选取;其次,选取机构的成员需要经过长期的法律教育,初级阶段可以从城邦的建立者中选取,对他们进行法律教育后从优选取。经过最初阶段之后,选取机构成员应该由民众选取产生,从而完成民众对国家权力的行使和监督;最后,对于得到任命的官员要建立严格监管机制,要对他们的个人信息(包括个人财产)登记造册,以便监督机构和所有民众进行监督。

与此同时,柏拉图对于官员任职年龄也做出规定,即所有官员的年龄必须在 50—70 岁之间,也就是说,一名官员最长的任职期限不能超过 20 年。军队的将领由政府提名(通常在两名以上),然后由官兵选举产生,任期限制、管理制度等和政府官员相同。此外还要设置专门负责建筑的官员、管理祭祀的官员及管理教育的官员等,任职限制和管理制度等同样和政府官员相同。换句话说,整个官僚体系的成员在职期间都必须过一种简朴、负责和受监督的生活,当然他们将要获得的荣誉和福利也是其他社会群体无法相比的。

国家的最高权力机构是议会,议会成员的选取必须遵循一个大原则,即兼顾到全社会方方面面的利益。具体来讲,议会成员主要来自两个方面,一方面是代表各个部落利益的官员(由各个部落选举产生);一方面是来自各个阶层的代表(由各个阶层选举产生)。在这种情况下,整个国家内各个势力的斗争就可以限制在议会内,统治者通过平衡议会内的各方势力,并且让他们相互制衡和监督,就能够完成对整个国家的有效管理。此外,通过赋予各方势力和各个阶级一定的自治权,并设置有效的问责制,统治者还将大幅减轻管理成本和压力。

那么,在国家管理和民众交往过程中,一旦出现矛盾纠纷该怎么办呢?柏拉图对此提出了权威仲裁的重要性,并且规定每个城邦必须有一个受最高权力机构监督的法庭。对于那些违反法律法规的人,必须要进行惩处,从而给那些遵纪守法的人一个交代,切实维护法律的威严。不过,相关的惩处措施要适度,要严格遵循相关法律规定,尤其是死刑的判处,必须经过严格的审查流程,并且要有普通民众的旁听和监督。在此基础上,柏拉图还对一些具体的罪行做出了惩处建议,在后来都成了统治者的重要参考。

值得一提的是,柏拉图还从罪犯的主观性出发,分别做出了不同规定,即有意犯罪还是无意犯罪。柏拉图认为,判定一个人的罪行,不能仅从他的犯罪结果来看,还应该判明他的犯罪意图。对于那些有意杀人者要判处死刑,对于那些无意杀人者要适度判刑,对于那些无意识行为者(即精神病患者）则只需避免再犯。需要指出的是，受历史时代限制，柏拉图所制定的法律只针对本国公民，对于外国人和奴隶等则有失公允（比如杀死别人的奴隶只需赔偿一定数额的罚款，杀死自己的奴隶只受警告等）。

对于监狱的设置，柏拉图认为应该遵从三种性质：其一是监禁性质；其二是改造性质；其三是惩罚性质。监禁性质的监狱用于限制罪犯的人身自由，同时让他们从事一些必要的劳动，等于是一种处罚性质最轻的方式；改造性质的监狱基本只针对政治犯，他们具有政治的人格，只是与统治者的信仰不同，如果他们能够悔改便无罪释放，如果不能悔改或释放后再犯则被处死；惩罚性质的监狱针对一些重刑犯，国家要对他们进行惩罚，因而要将他们运送到一些边远偏僻之地劳动，同时在他们身上施加烙印，以此为记剥夺其政治权利。

难能可贵的是，柏拉图在此已经注意到了物质基础在人民自治（或法律推行）过程中的重要性，即统治者首先要满足人民的生存和生活需要，然后才能要求民众遵守法律，并且形成预期的社会文化，这也是我国古人所说的"仓廪实而知礼节"。很多统治者都会陷入这样一个误区，那就是民众不按照自己的意志去做事（遵守法律），是因为自己推行的法律不够严厉，包括执行力度的不足。于是，国家的法律越拖越严厉，民众的反弹却越来越大，国家也越来越难治理，以至于不用强大的外族入侵，本国民众就起来把统治者赶下台。

除此之外，柏拉图还对家庭、贸易、律师和军队等法律进行阐述，由于名目繁多在此不进行详细论述。总之，柏拉图在本篇中提出了一系列的法律和法理，这些法律基本继承了希腊法律，因而其反映的是希腊统治阶级的利益。但是通过对法律地位的抬升，柏拉图将统治者的权力置于法律之内，这在当时无疑具有极大的进步意义。也正因为如此，柏拉图的法律哲学思想对后世有着广泛且深远的影响，尤其对创造了强大历史文明的罗马有着不容忽视的作用。

第十二章
柏氏爱情：注重精神交流的全新理念

当代好莱坞式的乐观主义爱情，宣扬经历磨难后的灵魂相栖，诉求于相依相伴度过余生的美满幸福。而享乐主义哲学则主张肉体的欢愉，并提倡把这些欢愉演绎成一项精致的体育运动或艺术行为。现实世界中，有人抬高爱也有人贬低爱，前者试图崇拜爱以便得到爱，后者试图背离爱，但骨子里却是对爱更加深沉的渴望。可以想见，这两种对待爱的方式在现实生活中都有其固定人群，并且都在以惊人的速度蔓延，以至于千百年来始终纠缠不清。

—— 肉体的结合是否纯洁 ——

柏拉图的爱情思想，主要体现在《会饮篇》中，其渊源是喜剧作家阿里斯托芬讲述了一则寓言故事：很久以前，人类有两张脸、两双眼、两双耳、两双手和两个肩，这就让"完整的人"有了三种性别：男性同体、女性同体和雌雄同体。接下来，当人类的感官轻松得以满足后，开始对神做出不敬行为，这就惹怒了神。盛怒之下，神将人类一劈为二，使我们变成了现在的模样，即只有一张脸、一双眼、一双手和一个肩。于是，人类为了找回最初的满足感，只能找到自己的另一半才有可能，这就是柏拉图眼中的爱情。

阿里斯托芬讲述这个故事，用意就是形容男女之间这种非你不可的独特感觉，这也是很多西方人相信一见钟情的重要原因。今天，人们经常称自己的伴侣为"另一半"，西方人也时常称自己的伴侣为"Mr.Right"，想来都和阿里斯托芬的这个故事脱不开干系。既然如此不同寻常，我们又该如何形容这种感觉呢？阿里斯托芬给出了一个著名的答案，与他/她相遇之后，就好像找到了前世的另一半身体，于是再没有上面比失去这一半身体更让人感到失落的了，同时也没有什么比找回"另一半"更重要了。

据此，柏拉图提出了著名的爱情观点，即爱让人类完整，没有爱的人是不完整的。这也就说明了一个基本的道理，即为什么只有当人们进入一段恋情后，才能真正意识到自我的存在，而没有经历恋情的人，总是会存在自我认知上的偏差。也许会有人提出反驳，对于那些花花公子该怎么解释呢？难道他们接触的每个异性都是"另一半"？这只能说他们还没有真正找到自己的"另一半"，很多看似放荡不羁的纨绔子弟，当他们开始认真对待一段恋情的时候，往往使那些用情专一的人也会自叹弗如。

柏拉图关于爱情的第二个理念是，爱源于美，并且通常和"善"同时出现，即人类只会爱美的、善的人和事物，反之则会产生厌恶甚至憎恨。美的事物是善的，善的事物是美的，美与善通常能够在这两个概念之间画上等号。也许又有人要反驳——美并不等于善，善也并不等于美，如果非要这样说，就意味着美丽的人一定很善良，而善良的人也一定很美丽。显而易见，这种说法完全是无稽之谈，因为柏拉图所说的美和善，绝不仅限于一个人的外表和心地，而是包括其一切行为在内。

客观来讲，美的事物更容易让人心神愉悦，也更容易让人们联想到美，但爱等于美又不是绝对的真理。王尔德在其《道连·格雷》著作中，就曾提到一个为了美而不择手段的人物形象，这就变成了受困于美，甚至因美作恶了。当今社会越来越盛行的整容手术，就是一种对美的理解存在偏差，且不论整形手术带给自己的副作用，仅仅去追求所谓的社会公认的美，就是一种丧失个性的不理智行为。美应该是一种习惯，是一种安之若素的自我守护，唯有如此才是真正的善，也才能够成为真正的大美。

柏拉图的思想认为，不美不意味着丑，不好不意味着坏，拥有正确的见解不代表拥有真知，没有知识不代表无知。或者说爱是介于美与丑、善与恶、有知与无知之间，爱是沟通神与人的一种超理性的生命体验。柏拉图的老师苏格拉底也对这一观点做出过论述，即人以拥有美的事物和善的事物为幸福，爱指向美与善，爱寻求美与善，爱源自美与善，但爱本身不是美与善。

人怎样才能获得幸福？观照美本身，获得终极的善，也就获得了幸福，爱正是通往美与善，即幸福大门的途径。人们终身都在寻求幸福，寻找到另一半是拥有这个幸福的基础，但与另一半结合之后，保持幸福的秘密是什么？柏拉图之所以将爱情上升到精神层面，要解决的就是两个人结合之后怎样延续幸福的问题。两个人不吃不喝腻在一起，从不分开，这将导致两人终将饿死的悲剧结局。

因此，非得有所克制，双双恢复对生活的理性，将肉体不愿分离的相守欲念，转换为精神上的相依相守，将受困于现实局限的肉体关系转变为不受时间、地点限制的精神关系，才能相对温和长久地享受相守之乐。至此，柏拉图爱情思想对精神关系（而非肉体关系）的侧重开始显现。

柏拉图关于爱的第三个理念，是爱赋予我们超越表面、直达客体绝对价值的能力。这有点类似"爱能够令人穿越表象看到本质"的论调，但在柏拉图的思想体系中，本质或者理念是人类无法认识的，因为认识本体、本质、理念的只有上帝。不过，既然爱竟具备如此魔力，能够令人观照到美的本身，令人通往人本身无法抵达的神圣境界，完成人与神之间的沟通，爱便赋予了人类本身不具备的超能力，这种能力帮助人类的生命维度得到很好的扩展与延伸——这也是柏拉图关于爱的理念的第四条内容。

柏拉图关于爱的第四个理念，是爱能引发我们身上那些容易被忽视（甚至被我们自己忽视）的智慧和美德。人与人之间为什么会产生爱情？爱情的作用是什么？在什么样的两个个体之间容易产生爱情？爱情是美的结果吗？或者美是爱的结果吗？答案很简单，人渴望美与善，因为美与善能够带给人幸福，因而爱是通往美与善的途径，所以人们需要爱情的本质是人们需要幸福。爱情寻求美与善，能够让人从对方那里获得自己缺乏的美德，这就让那些具有互补美德的人们更容易产生爱情。

美与爱各自独立，自成主体，爱源自于美，美是爱的结果而非原因。因此，柏拉图的爱情理念将精神力量大幅加持，肉体之爱在这种超然的力量面前，自然是形容晦涩，堪称猥琐，极不纯洁！然而，尽管柏拉图主张爱应该超越肉体，但他并不主张压抑性欲，更不用说灭绝性欲。现代人在赞同柏拉图，追求精神之爱即真爱的同时，有必要清醒地认识到，虽然人类不能耽溺于性爱，但性爱也是人类诸种情感体验中非常重要且美好的一种。要知道，人类很容易因为沉溺于肉体的欢愉，甚至危害生活、学习和工作，柏拉图这才提出精神之爱约束纵欲无度的人们，以便在生命中长久拥有爱的体验，避免成为对生命造成危害的毒药。

爱情让人升华

哲学界曾经流传过这样一句话——早熟的人往往会比较晚熟，就是说一些人的心智成熟比较早，错过了在一定的年纪应该经历的事情，结果反而比同龄人成熟得更晚。那么究竟什么事情才能让人真正成熟起来呢？相信很多人都避不开一个话题，那就是爱情，哪怕只是一厢情愿的单相思或者暗恋。陷入爱情的人最起码会意识到一个基本问题，即自己不是全世界的中心，更不是所有事情都会按照自己的意愿发展。

这里蕴藏着一个很简单而深刻的道理，就是一个人的收获和付出往往是成正比的，但很多时候付出不一定有回报，然而不付出就一定不会有回报。在我们的身边，总会发现一些人忽然之间像是变了一个人似的，比如一个不爱干净的人变得很整洁，一个不修边幅的人变得注重自身形象，一个懒惰的人变得很勤奋，等等。弄清事情的缘由之后，往往会发现他们坠入了爱河，他们想给自己爱的人留下更好的印象，或者说想给自己的爱情留下更美好的回忆，而爱情带来的这些升华才仅仅是最常见的。

柏拉图认为，真正的爱情充满理性，它包含了道德、责任和义务等，能够让一个人的品行放射光芒。也正因为如此，爱情是可以无限传染的，一位真正的哲学大师能够像太阳一样照耀世人，让每个人感受到他的温暖和光明，并且将得到的温暖和光明折射给身边的每一个人，直到整个人间充满这种爱情。由此也可以看出，柏拉图所说的爱并非我们理解的狭隘的儿女私情，而是一种忘记了自我，或者说是将我融入了万物当中的大爱。

也正因为如此，柏拉图才提倡超越肉欲的爱，因为肉欲往往是利我的，稍有不慎就会变成自私的。肉欲是人类最难克制的欲望之一，而欲望之门一旦打开，尘世间各式各样的诱惑都会乘虚而入，让人沦为欲望的奴隶。而一个人如果能够平和肉欲，就能得到宁静的心绪和清晰的思路，如此才能恢复高等生物的灵性，然后通过不断修炼无比接近神的启示。与之相反，一个放纵欲望的人会距离神明越来越远，直到他丧失人类的一切美好品质，整个人被兽性所占据，将自己的生命白白浪费掉。

众所周知，爱情是人类最根本、最重要的情感之一，无论是在生命还是组成生命的生活当中，没有爱情将如同一道菜肴没有放盐，永远尝不到它应有的美味。千百年来，无数文艺从业者已经描绘了千万种美好的爱情，以至于很多人即便被爱情所累，还是会孜孜不倦地去追求心目当中的真爱。只是鲜有人知，爱情对哲学家而言也是一个永恒的研究课题，如果说文艺从业者对于爱情只是知其然，那么哲学家所做的工作就是知其所以然。

作为人类历史上最著名的哲学家之一，柏拉图对于爱情的研究可谓全面而深入，同时他也乐于将自己的研究心得分享给世人。在自己的著作中，柏拉图还经常借塑造出来的主人公表达对爱情的见解，并且总是以爱情专家甚至爱情大师的形象示人，这足以表明柏拉图在爱情方面是非常自信的。在与友人的交谈中，柏拉图还曾说过这样的话，自己一生研究哲学课题无数，却唯独在爱情方面获得一点心得，如此才热衷于和大家分享爱情见解。

在今天的主流社会看来，所谓"柏拉图式爱情"就是"纯粹的精神恋爱"，因而对于肉欲是淡漠甚至排斥的。实际上，这是对"柏拉图式爱情"的一种误解，饮食和性欲满足是人类最根本的生命需求。如果失去这两样东西作为支点，那么任何哲学研究最终都只能是一纸空谈，因为它是违背自然社会规律的，或者说是违背人性的，注定不能长久。所以，柏拉图所说的"精神恋爱"只是一种倡导，同时指明它是最高境界的爱情，并没有否认肉欲或者说性爱是精神恋爱的重要基础。

至于这里存在的误解，大概可以追溯到欧洲文艺复兴时期，意大利哲学家费西罗将柏拉图所述"爱情（Eros）"翻译为"Caritas"，并首次将其命名为"柏拉图式爱情"。而这里提到的"Caritas"，实际上是指人类对上帝的敬爱之情，与柏拉图所论述的精神恋爱几乎毫无干系，其中包含的肉欲之情更是被完全无视。换言之，经过费西罗的解释之后，柏拉图的爱情观念变得清淡、纯洁，但同时也脱离了人类的基本需求，不可避免地走向了迂腐和狭隘。

当然，并不是所有人都会被费西罗蒙蔽，德国著名哲学家叔本华就是第一个站出来为柏拉图澄清的人。叔本华非常推崇柏拉图的哲学思想，因而用尽毕生精力进行研究，很容易就窥破了费西罗的诸多论点。叔本华还举例说明，古希腊人普遍还是在进行异性恋，这就立即把爱情拉回到了饮食男女的现实生活中，爱情的肉欲本质也由此回归到了正轨之上。

对于叔本华的观点，从古希腊人的文化作品中也可以找到佐证，比如著名的《荷马史诗》一书中，就记载了很多男欢女爱的场景。

需要说明的是，尽管柏拉图并没有否认肉欲，但他也没有提倡肉欲，毕竟肉欲会让人精力流失、思路模糊，甚至精神萎靡。在柏拉图看来，肉欲在整个爱情过程中是一个必要的阶段和过程，它可以让人们享受莫大的欢愉，同时也通向更大程度和更高层次的欢愉，也就是精神世界的融合与交流。因此，柏拉图认为肉欲是兽性的体现，情欲才是人性的体现，也是人类达到终极境界，直到完成与上帝交流的唯一途径。

柏拉图眼中的男女平等

古希腊的社会活动基本与女性无缘，政治活动更是属于男性的专利，女性基本只是负责一些家务事，男女之间的关系更像是我国古代的"男主外，女主内"。这种基于男女属性进行的社会分工，有其必然优势和社会背景，因而存在了较长的历史时期。但也正是这种看似合理的社会分工，最终导致了男尊女卑的社会思想。社会主流思想不仅认为女人是卑微的，甚至有个别社会群体认为女人是肮脏的。

至于男性和女性的结合，很少有真正的爱情可言，大多只是为了完成传宗接代的家族使命，而帮助丈夫培养优秀的后代，也就成了古希腊女性仅存的社会价值。男性作为社会的绝对主导力量，通常会将处于附属地位的女性视为他们的财产，同时对她们设定了严苛而繁复的规矩。就算是拥有名分的正室妻子，一旦触犯这些甚于清规戒律的规矩，仍然可能失去拥有的一切，哪怕这些都是她们通过辛苦努力得来的。久而久之，古希腊社会对女性形成了明显的歧视，这种看似能够提升男性优越感的习俗，实际上对社会发展造成了极恶的影响。

在《理想国》一书中，柏拉图首提男女平等观念，他明确指出，没有任何一项工作，是因为女人在做而专属于女性；同样也没有任何一项工作，是因为男人在做而专属于男人。上帝将同样的天赋分别赐予男人和女人，就不能因为性别的不同，在社会分工上对任何一方存在歧视。统治者以及统治阶层（包括他们制定的法律）应该以天赋和能力分配工作，而不应以性别作为主要参考，否则就是违背上帝旨意的行为。

据此，柏拉图认为政治活动和权力也不应与女性无缘，而是应该让她们和男性分担并分享同等的权力，甚至有些特定权力应该专属于女性。柏拉图的这一观点在当时的古希腊社会可谓冒天下之大不韪，很可能招致和老师苏格拉底同样的下场，因此他的学生们无不担心。但柏拉图是一个很聪明的人，他所论述的一切哲学命题，基本都是借苏格拉底之名，而此时苏格拉底已经在死后成为神一般存在的人，柏拉图的逆世学说非但不会遭到围攻，还会得到广泛的有效传播。

柏拉图的聪明还表现在切中要害上，他知道想要改变男尊女卑的社会认知现状，首先必须从教育入手，毕竟年轻人才是国家的未来。为此，柏拉图提出古希腊男子必修的音乐和体操课程，也应该对女子开设，并且同样作为义务形式分派下去。到时候，人们就会看到让他们吃惊的现象，即有些女性会远远超过一些看不起他们的男性。不得不说，柏拉图的思想是超前和进步的，但也正因为如此，即使在相对先进的知识分子领域，也鲜有人能够真正接受柏拉图的教育思想。

同时，柏拉图还指出，人类的智慧应该在男女之间相互促进，发展女性的智慧不仅不会对男性社会权力造成威胁，而且会帮助男性获得更大、更强、更多的权力。此外，任何人都有追求不朽的欲望，他们或者著书立说，或者建功立业，甚至盲目地追求生命永生，而人类的生命不是始终通过繁衍方式在进行延续吗？换句话说，人类早已通过最原始的方法实现了生命的不朽，而完成生命传递无疑需要女性的付出。

在这一观点的基础上，柏拉图也对真正的不朽进行了论述，即人是思想的载体，而思想是可以永恒传递的，所以思想不朽才是真正的不朽。从某种程度上讲，柏拉图本人也是在追求不朽，而且显然是在追求思想上的不朽，或者说是在追求真正的不朽。在今天看来，柏拉图以古希腊为时间和空间节点，对全世界哲学领域形成有效辐射，对东西方多个国家的哲学发展作出了重要贡献，也确实达到了其追求不朽的目的。

除此之外，柏拉图也把阿里斯托芬的学说引入男女平等观念。柏拉图相信，人唯有在生前和死后才是真实的自己，而真实的自己有一个重要的不同，就是男男同体、女女同体、雌雄同体。换句话说，女人是男人的另一半（或者说男人是女人的另一半），或者说女人就是真正的"我"的一部分，如此又有什么理由去歧视她们呢？此观点一出，柏拉图又得到了一个强大的哲学流派的支持，不仅为男女平等的思想加了分，同时也为柏拉图思想的整体传播注入了活力。

唯一的观点不足同样来自时代局限性，也许是为了尽量减少对立面，同时尽量赢取支持者，柏拉图所论述的男女平等仅限于统治阶层和哲学领域。当然，只要能够完成对这两个社会群体的改造，接下来对于整个社会的改造便可以顺风顺水，柏拉图在此同样表现出了聪明的一面。在随后的历史长河中，西方社会在柏拉图思想的作用下，率先完成了男女平等的社会改造，这也让他们的社会文明程度大幅领先于人类社会。

值得一提的是，尽管柏拉图作出了超社会的思想论述，但是他从未脱离社会现实。柏拉图曾经在自己的著作中提到："感谢上帝，让我生为文明人，而非野蛮人；感谢上帝，让我生为公民，而非奴隶；感谢上帝，让我生为男人，而非女人。"从这里可以看出，柏拉图对于男尊女卑的社会现实有着清醒的认识，同时尽管他坚信男尊女卑的思想，并且相信在未来一定能够实现，但对于当时古希腊社会而言，却已经不抱任何希望。也有人据此提出，柏拉图的思想存在矛盾，事实上不是柏拉图的思想存在矛盾，而是现实和理想之间永远存在矛盾。

不仅如此，柏拉图所提倡的教育平等观念，也存在一定的局限性和矛盾性。即柏拉图所论述的关于男女平等的教育观念，也是针对特定的女性群体，即那些为社会作出贡献的女性（比如取得军功的女士兵）。这一思想虽然能够引导女性为社会作出更大贡献，从而让统治者及整个统治阶层受益，但是对于处在弱势社会地位的女性来说，却显然会造成更加沉重的负担甚至灾难。

更加让人无法接受的是，柏拉图还在相关论述中提到，女人一旦加入社会活动尤其是政治军事活动中，必须抛开自己的家庭观念。她们可以有自己的丈夫，但是必须由国家进行指定和轮换，她们生出的孩子也必须交给指定机构抚养，等于剥夺了她们作为一名妻子和母亲的权利。当然，这仅仅是对女士兵的要求，是出于军事作战特殊属性的考虑，毕竟古希腊的男性士兵同样面对如此境遇，这是受到时代的局限性所致，我们不能单纯用今天的目光去审视和评论。

但是不管怎么说，柏拉图是西方历史上第一个提出"男女平等"思想的人，成为今日之"男女平等"观念的雏形和基础。这一点不仅表现出了柏拉图的远大智慧，同时也表现出了他的强大勇气，具有极大的历史进步意义。时至今日，男尊女卑的观念仍然有一定的残留，不得不说柏拉图的思想已经超越了数千年后的人们。当然，社会观念会受到历史时代的局限性，但是从整个历史发展的整体来看，男女平等显然是一个不可逆转的大趋势，这也就肯定了柏拉图的远见卓识。

—— 后记 ——

　　柏拉图的故事讲完了，由于其创立柏拉图学园之后，主要活动转为著书教徒，我们在本书中加入了柏拉图的主要作品，作为研究其哲学思想的素材。从其全部著作来看，柏拉图早期的作品存在诸多不足，以至于其晚期作品多有变化甚至颠覆，我们从此也可以看到一位哲学大师的心路成长。

　　作为今人，当我们想要研究柏拉图的哲学思想时，并不能直接研究其晚期著作，而是应该从他最早的作品开始。这不仅有助于我们较容易地进行学习，而且能够更清晰地了解柏拉图思想精髓（包括各部著作包含的时代背景），从而全面深入地了解柏拉图思想。同时，其早期著作中的一些不足，往往也是今人研究哲学的常见问题，我们对其了解其实正是一个自我学习和成长的过程。

　　柏拉图一生学习理论知识无数，进行实践活动无数，但最终只是以一所柏拉图学园立足于世，并没有像阿启泰那样成为一位哲学王。这样的结果与其说是柏拉图的不幸，不如说是全人类的万幸，毕竟另一位哲学大师苏格拉底就是因为一生忙碌，而没有留下一部作品，其宝贵的思想精华险些被人们遗失在历史长河中。

　　这一点，正如我国古代的很多大文豪，其实都是政治斗争中的落败者。他们不必再投入巨大精力和大量时间到政治活动中，挥毫泼墨甚至成为他们生活中的主要活动，所以才能够成就千古名篇。要知道，与各大文豪同时代的政治家，文学造诣在其上者比比皆是，与柏拉图同时代的政治家，哲学造诣在其上者也不在少数，只是因为他们忙着争权夺利，才把青史留名的机会"让"了出来。

柏拉图远离政治喧嚣，不仅有充裕的时间和精力著书立说，同时其思想境界和哲学修为也不断精进，而这也让整个哲学界注入了强劲的活力。通过对各种理论的融会贯通，柏拉图以权力的分散和制衡为思想内核，提出了时至今日仍然熠熠发光的法治思想，为西方乃至整个人类社会播下了希望的种子。

后世学者也曾提出过质疑，认为柏拉图的法治思想有违人类本性，所以也会对人类本性形成压制，从而对人类的主观能动性造成不利影响。事实上，柏拉图的法治思想正是基于人性设计而来，毕竟人的欲望可以是上进的动力，也可以是堕落的源泉，而人的主观能动性能够创造一个世界，也可以毁灭一个世界，因而无论是个人的欲望还是人类的主观能动性，都必须加以严格管控。

个人修为同样如此，一如我国传统思想中的"修身、齐家、治国、平天下"，前后顺序绝不能有所变动。因为一个人只有管理好自己，才能管理好家族；能够管理好家族，才能管理好国家，进而管理好整个天下。柏拉图从个人的灵修延伸到国家的法治，又从国家的法治反推到个人的灵修，实际上已经为我们每个人铺设了一条安身立命的广阔大道。